Katja Hildebrand

Anmerkungen eines ganz gewöhnlichen Hundes

Senta erzählt…

…wie ein spanischer Straßenhund sein Glück fand und das Leben betrachtet

Impressum

© 2020 Katja Hildebrand

1.Auflage

Autor: Katja Hildebrand

Umschlaggestaltung: Katja Hildebrand

Fotos, Abbildungen: Katja Hildebrand, Verein „Treue Hundeseelen e.V."

Verlag & Druck: tredition GmbH, Halenreie 40-44, 22359 Hamburg

ISBN:

Paperback: 978-3-347-11312-1

Hardcover: 978-3-347-11313-8

eBook: 978-3-347-11314-5

Bibliografische Information der Deutschen Nationalbibliothek: Die Deutsche Nationalbibliothek verzeichnet diese Publikation in der Deutschen Nationalbibliografie; detaillierte bibliografische Daten sind im Internet über http://dnb.d-nb.de abrufbar.

Anmerkungen eines ganz gewöhnlichen Hundes

Vorwort

Es gibt natürlich schon viele wunderbare Bücher über Hunde und über die Begegnungen und Erlebnisse ihrer Herrchen und Frauchen mit denselben. Und ganz gewiss ist jedes dieser Bücher von einer ganz besonderen Beziehung der Menschen zu ihren Vierbeinern geprägt. Aber ich bin sicher, es gibt noch kein Buch über Senta. Und das soll sich mit dem heutigen Tag ändern. ☺

Senta ist eigentlich, so möchte man meinen, ein ganz gewöhnlicher Hund, und doch ist sie für uns einzigartig und etwas Besonderes. Wenn ich in ihre tiefbraunen, treuen Augen blicke, so habe ich das Gefühl, ich kann ihre Gedanken lesen, und oft überlege ich, wie sie wohl unsere Menschenwelt mit ihren Hundeaugen betrachtet. Senta hat, wie viele andere Hunde auch, eine sehr bewegte Biografie und saß bereits in Spanien in einer Tötungsstation. Nur mit viel Glück oder aber weil es einfach so sein sollte, kam sie im letzten Augenblick dort frei und wurde nach Deutschland gebracht. Hier war sie wenige Wochen bei zwei Pflegestellen, bevor wir uns begegneten und wir sie in unserer Familie aufgenommen haben.

Ich kann es nicht erklären, warum der Wunsch nach einem Hund eines Tages so stark wurde. Vielleicht war es das Gefühl, ein Hund würde unseren kleinen Hobby-Bauern-hof mit Katzen, Kaninchen, Hühnern, Schafen und Ponys erst so richtig komplett machen. Jedenfalls spielten viele Zufälle und Überlegungen zusammen, vereinten sich zu so etwas wie Schicksal oder Fü-

gung und führten dazu, dass Senta im Mai 2015 in unsere Familie kam und unsere Herzen im Sturm eroberte.

Manchmal, wenn sie neben mir auf ihrem Platz auf dem Sofa liegt – oh, ich höre schon den Aufschrei der hundeerfahrenen

Menschen, die ihrem Hund niemals erlauben würden, auf Augenhöhe mit dem Menschen zu sitzen, aber ich kann versichern, dass Senta genau zwei Plätze auf Augenhöhe mit uns hat und stets akzeptiert, von diesen Plätzen bei Bedarf auf den Boden geschickt zu werden – also manchmal, wenn sie so daliegt, dann beginnt sie zu träumen.

Ihre Träume sind unruhig und bewegt, vielleicht fängt sie da gerade eine Maus oder hat etwas Spannendes aufgestöbert, doch mit Sicherheit wird sie immer wieder auch von ihrer Vergangenheit eingeholt. Wenn ich dann meine Hand auf sie lege und leise mit ihr spreche, entspannt sie sich, schaut mich an, also wolle sie sich versichern, dass wir alle Wirklichkeit sind und schläft dann ruhig wieder ein.

In solchen Augenblicken überlege ich mir, was sie alles erlebt hat und was sie wohl denkt. Und darum lasse ich in diesem Buch Senta selbst sprechen.

Katja Hildebrand

Vielen Dank an den Verein Tiere in Spanien e.V.; sie haben großartige Arbeit geleistet bei der Rettung und Vermittlung. Ohne viele engagierte, ehrenamtliche Herzblut-Tierschützer wäre es nicht möglich, Hunden aus Spanien (oder anderen Ländern) ein Zuhause hier in Deutschland zu geben.

www. Tiere-in-spanien.de

Sie können den Verein auch finanziell mit einer Spende oder Patenschaft unterstützen: IBAN: DE 72518500790106008523 BIC: HELADEF1FRI

Der Verein „Treue Hundeseelen e.V." hat ebenfalls maßgeblich zu Sentas Rettung beigetragen. Die Fotos aus der Perrera stammen von einer Tierschützerin vor Ort. Herzlichen Dank auch für eure Arbeit und dass ich die beiden Fotos verwenden darf.

www.eu-tierhilfe-treue-hundeseelen.de

Meine Hunde-Familie

Ich muss oft an meine Mama zurückdenken. Das Land, in dem ich zusammen mit meinen vier Geschwistern das Licht der Welt erblickte, ist ganz weit weg. Wie ich gehört habe, ist es das Spanien-Land. Um von dort hierher zu kommen, muss man sehr lange in einer Kiste in einem Kisten-Auto sitzen. Darin ist es heiß und eng und man bekommt es wirklich mit der Angst zu tun. Darum möchte ich auch nicht mehr dorthin zurück. Auch nicht, weil es dort nicht so einfach ist, als Hund zu überleben. Man muss ständig auf der Hut sein. Jetzt geht es mir gut, denn ich habe eine sehr nette Familie gefunden in einer sehr schönen Gegend. Ich würde sogar sagen, in einer Gegend, die für einen Hund wie mich geradezu ideal ist. Aber es gab eine Zeit, in der ich sehr traurig und einsam war.

In meinen Erinnerungen kehre ich oft zurück in dieses Spanien-Land. Meine Mama war eine wunderschöne Hündin, und auf den Straßen von El Puerto de Sta Maria liefen ihr die Rüden in Scharen hinterher. Sie war aber in der Wahl ihrer Partner sehr anspruchsvoll: Und so ist mein Vater, sie hat ihn mir einmal gezeigt, natürlich ein überaus kluger und edler spanischer Straßenrüde gewesen. Nicht ohne Stolz kann ich behaupten, dass ich ausgesprochen viel von meinen Eltern vererbt bekommen habe, und vielleicht war das auch meine Rettung. Mama hat uns viel von der Welt gezeigt, in die wir hineingeboren wurden. Für die Geburt hatte sie, erfahren wie sie war, einen Platz ausgesucht, an dem wir vor der schlimmsten Hitze des Tages, aber zugleich auch vor den neugierigen Blicken der Menschen geschützt waren. Sie sorgte wirklich rührend für uns und ließ uns in den ersten Wochen fast nie allein, nur wenn sie selbst Hunger oder Durst bekam oder ihr Geschäft machen musste.

Ich schmecke noch heute die süße Milch, wenn ich mich daran erinnere, wie ich mit meinen Geschwistern zusammengekuschelt in der Wurfhöhle lag. Mama sorgte dafür, dass wir alle satt wurden, denn natürlich wollte immer jeder der erste an der Milchquelle sein. Die Vorlauten wies sie zurecht, die Schüchternen ermunterte sie, und so wurden wir alle groß, öffneten unsere Augen und begannen, unsere Welt zu entdecken.

Anfangs durften wir uns noch nicht weit von der Wurfhöhle entfernen. Mama warnte uns mit einem scharfen Laut, und notfalls packte sie uns im Genick, wenn wir nicht gleich auf sie hörten und schleifte uns zurück. Sie war eine gute Hundemama. Alles, was man als Hund auf El Puertos Straßen wissen muss, brachte sie uns bei. Es war nicht immer einfach, genügend zu fressen zu finden, aber Mama kannte die besten Plätze und Tricks. Sie zeigte uns, wie man Mäuse, Ratten und Kaninchen fing. Oh, was konnte Mama für großartige Sprünge machen. Sie hörte jede Maus auf bestimmt fünf Meter Entfernung, schlich sich an, lauerte und setzte im entscheidenden Augenblick zum Sprung an. Sie war eine ausgezeichnete Mäusejägerin, und ich habe mir viel von ihr abgeschaut.

Aber als Hund muss man sehr viele Mäuse fangen, um davon satt zu werden, und deswegen suchten wir uns auch bei manchen Menschen-Häusern unser Futter aus den Eimern, in die Menschen alles werfen, was sie nicht mehr brauchen. Ich kann euch sagen, da waren manchmal die abenteuerlichsten Dinge dabei. Oft fand man aber noch wirklich sehr leckere Sachen zum Essen. Auch am Strand gab es viel zu essen, da waren nämlich die Menschen, die dieses Land nur für kurze Zeit besuchten. Mama erklärte uns, dass die Menschen das *„Urlaub"* nennen. Urlaub sei dafür da, um sich von der Arbeit zu erholen.

Ich fand es toll, dass es die Urlaub-Menschen gab, denn sie waren ja ohne Arbeit und mussten sich keine Sorgen machen und waren eigentlich immer gut gelaunt. Und wenn man die Urlaub-Menschen entsprechend nett anlächelte (und ich kann echt gut lächeln), dann bekam man eigentlich immer was ab von ihrem Urlaub-Essen, das sie sich schmecken ließen. Aber da am Strand bei den Urlaub-Menschen war es für uns Hunde verboten. Wir sollten uns dort normalerweise nicht blicken lassen, denn wenn man erwischt wurde, kam man in eine Kiste und wurde weggebracht. Wir alle wussten das. Schon als kleiner Welpe bekam man diese Warnung eingeimpft. Wenn aber der Hunger zu groß wurde, gingen wir eben doch dort hin. Mama wusste, wie man es anstellen musste, wo es gute Versteck-Plätze gab und wo sich die meisten Urlaub-Menschen aufhielten.

Mama brachte uns auch vieles über die Menschen bei. Wie bei uns Hunden, gab es natürlich auch bei den Menschen Weibchen und Rüden. Das ist ja klar, sonst könnten sie auch keine Menschen-Welpen bekommen. Die Menschen-Welpen wurden, das konnte ich schnell feststellen, bei weitem nicht so streng erzogen, wie wir Hunde-Welpen. Mama erklärte uns, dass es im Urlaub bei den Menschen besonders schlimm sei mit der fehlenden Erziehung. Menschen-Weibchen packen ihre Welpen übrigens nicht im Genick und tragen sie zurück an die Stelle, an der sie sich aufhalten sollen, sondern sie ziehen sie an den Vorderpfoten mit, die man *„Hand"* nennt. Menschen-Welpen können dabei furchtbar laut werden, wenn ihnen das nicht passt, und ich fragte mich jedes Mal, weshalb die Menschen-Weibchen die Welpen nicht mal kurz und kräftig in die Seiten beißen, so wie Mama das bei uns tat. Aber Menschen, so sagte meine Mama zu uns, erziehen ihre Welpen eben anders. Ich muss zugeben, dass ich damals im Spanien-Land, wenn ich hungrig hinter den Häusern lauerte und gerne vorgeprescht wäre, aber Mama uns unmissverständlich deutlich gemacht hatte, dass wir alle bei ihr zu bleiben hatten, also dass ich da ziemlich neidisch auf die Menschen-Welpen war, die offensichtlich immer alles bekamen, was sie wollten, wenn sie nur laut genug quengelten und schrien. Aber mein Respekt vor Mama war so groß, dass ich es nicht auf einen Quengelversuch ankommen lassen wollte und lieber das tat, was Mama von uns verlangte. Schließlich wusste sie, was das Beste für uns war.

Bei den Menschen-Welpen gab es übrigens natürlich auch Weibchen und Männchen. Man konnte das nicht nur unterscheiden, wenn sie nackt im Meer badeten, sondern oft auch daran, weil die Menschen-Eltern ihren Welpen bestimmte *„Farben"* gaben mit der Kleidung, die die Welpen tragen mussten. Die weiblichen Menschen-Welpen hatten oft *„rosafarbene"* Kleidung mit viel Glitzer und Pferden auf den **„Kleidchen"**. Bei den männlichen Menschen-Welpen gab es grüne Monster mit großen Zähnen oder Autos, die auf die *„Tischörts"* gedruckt waren. Das fand ich eigentlich ganz praktisch, wenn man mal von der Tatsache absieht, dass wir Hunde es viel besser haben, weil wir einfach nur ein Fell am Körper tragen. Allerdings kann man dadurch die Hunde-Welpen eben nicht an der Fellfarbe unterscheiden.

Erst später, als ich schon nicht mehr im Spanien-Land war, lernte ich, dass die männlichen Menschen-Welpen *„Junge"* und die weiblichen Menschen-Welpen *„Mädchen"* heißen. Ich war aber froh, dass meine Mama mir schon so viel über die Menschen beigebracht hatte. Auf diese Erfahrungen konnte ich prima aufbauen.

Es gab unter uns Straßenhunden eine Rangordnung. Nicht jeder durfte an allen Plätzen zu den Urlaub-Menschen. Das war streng nach Straßen aufgeteilt. Manchmal erlebte ich, dass Mama wieder für eine neue Straße bei den Urlaub-Menschen kämpfte. Sie seufzte dann immer und sagte, sie wüsste bald nicht mehr, wie sie uns noch satt bekommen sollte. Wichtig war, dass man bestimmten Menschen nicht zu nahekam. Männer mit Schildmützen auf dem Kopf beispielsweise waren die *„Fänger"*. Mama hatte uns von Anfang an vor denen gewarnt. Wenn diese Fänger-Menschen einen Straßenhund erwischten, kam der in ein Kisten-Auto und wurde in die *„Perrera"* nach Jerez de la Frontera gebracht. Ich weiß das, weil Mama uns davon erzählt hatte, und Mama wusste das, weil es einen Hund gab, der von einer Menschen-Familie aus dieser Perrera befreit wurde und der jetzt bei dieser Menschen-Familie leben durfte. Es war nicht schön, was der Hund über die Zeit und die Zustände in dieser Perrera berichtete, und ehrlich gesagt konnte ich es gar nicht glauben, was ich da hören musste.

Eine Perrera ist, ich mag es gar nicht aussprechen, eine Tötungsstation. Die Menschen-Regierung im Spanien-Land hat beschlossen, dass man in allen größeren Städten solche Perreras bauen soll, weil es zu viele von uns Straßenhunden gibt, sagen die Regierungs-Menschen. Also sollen die Fänger-Menschen die Hunde in diese Perreras bringen. Dort wird unsereins in Zwinger gesperrt, meistens sind mehrere Hunde zusammen in einem Zwinger. Länger als 21 Tage ist keiner der Hunde dort. Meldet sich nämlich kein Mensch, der einen Hund vermisst, oder kommt kein Mensch, der einen Hund befreien möchte, dann werden die Hunde in der Perrera getötet.

Ich hoffe immer noch, dass meine Mama und meine Geschwister Glück hatten und befreit wurden. Aber ich weiß es nicht. Den Tag, an dem sie von den Fänger-Menschen geschnappt wurden, werde ich nie vergessen. Wir waren schon seit zwei Tagen fast vergeblich auf Futtersuche gewesen. Es waren viele Urlaub-Menschen da, und obwohl Mama kein gutes Gefühl hatte, beschloss sie, abends mit uns an den Strand zu gehen. Geduckt und immer auf der Hut vor den Fänger-Menschen huschten wir durch die Straßen. Anfangs hatten wir richtig Glück und fanden eine Menschen-Familie, bei der die Kinder darauf bestanden, ein eigenes Essen zu bekommen. Menschen-Welpen wollen meistens eigenes Essen wie die großen Menschen und können dann aber nicht alles aufessen (was ich nicht verstehen kann, ich kann nämlich immer alles aufessen, und das konnte ich auch schon als Hunde-Welpe), und dann lassen die Menschen-Welpen das Essen manchmal einfach fallen, weil sie es vor den Menschen-Eltern nicht zugeben wollen, dass sie doch nicht alles schaffen konnten. Wir erwischten also ziemlich leckere, frische *„Empanadas"* und gefülltes Pitabrot, denn die Menschen-Welpen hatten einen Eisstand entdeckt und wollten lieber Eis essen. Noch bevor die Menschen-Eltern es bemerken konnten, waren wir mit dem Essen im Maul schon hinter der nächsten Hausecke verschwunden, und eigentlich war das doch ein guter Deal und jedem geholfen.

Während meine Mama und meine Geschwister ihr Essen verspeisten, war meines schon längst weg – ich kann nämlich ziemlich schnell essen, weshalb mich Mama oft getadelt hatte, was aber wiederum nichts nützte, denn es war eben meine Art zu essen und ist es bis heute geblieben. Darum, also weil ich schon fertig war, aber immer noch Hunger verspürte, hängte ich mich an eine zweite Menschen-Familie mit Essen in den Händen. Mama knurrte hinter mir her, aber ich tat so, als würde ich es nicht hören. Im Ignorieren war ich schon als Hunde-Kind super, und ich kann das bis heute noch gut. Was dann geschah, lässt mich noch bis heute erzittern.

Gerade, als ich mich vor die Menschen-Frau gesetzt und sie mit schiefem Kopf angelächelt hatte und sie zurück lächelte und ganz freundlich ein Stück von ihrem Pitabrot für mich abbrechen wollte, hörte ich einen Schrei, das Aufjaulen von Mama und das Fiepen meiner Geschwister. Ich rannte zurück zu der Stelle, wo wir gemeinsam in Deckung gegangen waren, doch ich sah nur noch die Rücklichter des Kisten-Autos, und keine Mama und keine Geschwister waren mehr da. Die Fänger-Menschen hatten sie erwischt. Und mich, mich hatten sie nicht, weil ich Mamas Warnung ignoriert hatte. Aber jetzt war ich allein. Mutterseelenallein in der großen Stadt mit vielen

Urlaub-Menschen, Fänger-Menschen und ganz viel Angst. Was sollte nur werden?

Auf einmal spürte ich nicht einmal mehr den bohrenden Hunger, der manchmal so weh tun konnte. Es war, als hätte die Welt aufgehört, sich zu drehen. Mit eingezogenem Schwanz schlich ich davon, ohne zu wissen, wohin ich gehen sollte. Es gab im Spanien-Land in El Puerto viele Hunde, die oft in kleinen Rudeln zusammenlebten, aber Mama und wir waren ja unser eigenes kleines Rudel gewesen. Jetzt wusste ich überhaupt nicht, wo eigentlich mein Platz war, an dem ich schlafen und mich zurückziehen konnte, ohne dass ich jemandem sein Revier streitig machte. Das bedeutete, dass ich fortan nicht nur vor den Fänger-Menschen, sondern auch von den Revier-Hunden auf der Hut sein und mich in eine etwas ruhigere Gegend in der Nähe des Flusses zurückziehen musste. Die erste Zeit nach der Trennung von Mama war schrecklich, und ich weiß gar nicht mehr, wie ich die Tage überhaupt überstanden habe und was ich genau tat. Hunger und Durst wurden zur nebensächlichsten Nebensache meiner Hunde-Welt, und ich vermisste meine Geschwister und meine Mutter so sehr.

Als sich der Hunger irgendwann nicht mehr überhören ließ, machte ich mich auf die Suche nach etwas zwischen die

Lefzen. Dabei begegnete ich einer jungen, schwarz-braun gestromerten Hündin, die etwa in meinem Alter war und die ein ähnliches Schicksal teilte. Man sagt, geteiltes Leid ist halbes Leid, und da ist wirklich etwas Wahres dran. Fortan waren wir quasi unzertrennlich, und ich kam allmählich über den ärgsten Schmerz des Verlustes hinweg. Die Gestromerte und ich hatten eine gute Zeit. Wenn wir zu den Urlaub-Menschen gingen, was wir häufiger machten, weil es am schnellsten die hungrigen Mägen stopfte, hatten wir uns einen sehr gut funktionierenden Trick ausgedacht. Wir setzten uns nebeneinander, ich legte meinen Kopf auf die eine Seite, sie ihren Kopf auf die andere, dann ließen wir das Maul nur so ganz leicht geöffnet und zogen unsere Lefzen ein bisschen hoch und spitzten die Ohren. Es sah für die Urlaub-Menschen aus, als würden wir lächeln, und sie fanden das wohl gut, denn oft riefen sie ganz entzückt solche Worte wie: *„Oh, süß!"*, und dann gaben sie uns eigentlich immer etwas von ihrem leckeren Urlaub-Essen ab. Wir fanden gute Plätze zum Schlafen und gingen den anderen Straßen-Hunden nach Möglichkeit aus dem Weg, denn da gab es einige, die echt nicht gern ihr Futter teilten. Mag sein, ich habe mir das von damals beibehalten, dass ich nicht gerne mein Futter teile. Man musste immer nehmen, was man bekommen konnte und so viel wie möglich so schnell es ging hinunterschlingen, denn man wusste nie, wann man das nächste Mal was zu fressen bekommen würde und ob nicht im nächsten Augenblick ein Hunde-Rivale oder ein Fänger-Mensch um die Ecke biegen würde.

Auch das mit dem Schnell-Essen konnte ich mir nie mehr ganz abgewöhnen, auch wenn sich meine Menschen-Familie dafür einen Trick ausgedacht hat: Sie zwingen mich, langsam zu essen, indem sie mein Futter entweder im ganzen Garten verstreuen und ich es mir suchen muss (aber das ist schon okay und macht meistens sogar Spaß) oder indem sie es in einen Ball mit kleiner Öffnung stopfen, aus der dann immer nur ein Stück herausfällt, wenn ich den Ball mit der Schnauze über den Boden rolle. Aber ich wollte ja von damals erzählen und was dann noch so alles passierte in dem Spanien-Land. Wie schon gesagt, die Gestromerte und ich hatten eine gute Zeit, und wir waren ein echt gutes Team. Ich habe keine Ahnung, wie lange wir so zusammen auf der Straße lebten. Wir fühlten uns frei, unabhängig und eigentlich unschlagbar.

Aber eines Tages passierte es dann doch. Wir hatten gerade wieder einer Urlaub-Menschenfamilie mit unserem Kopf-Schieflege-Lächel-Trick ein paar Happen Brot abgeluchst und vor lauter Freude nicht gut genug aufgepasst, als sie von hinten kamen. Keine Chance. Die Fänger-Menschen hatten Schlingen, die an langen Stangen befestigt waren, weshalb sie sich so gut anschleichen konnten. Die warfen sie uns über die Köpfe, und diese fiesen Schlingen zogen sich so um den Hals zu, dass an ein Entkommen nicht mehr zu denken war. So kamen wir in das Kisten-Auto, zusammen in eine Kiste, zum Glück. Ich flüsterte der Gestromerten zu, dass wir jetzt bestimmt in diese Perrera kommen würden, und dann hätten wir noch 21 Tage zu leben. Maximal 21 Tage.

Das wollte die Gestromerte nicht hören. Sie wollte eigentlich überhaupt nichts mehr hören, so traurig war sie. Ich war auch traurig, denn das war natürlich ansteckend, und unsere Lage war alles andere als rosig. In dieser Perrera steckten sie uns zusammen in einen kleinen Zwinger. Der Boden war weiß und kalt, aber wir hatten eine Decke, auf die wir uns legen konnten. Es gab einmal am Tag einen Napf voller Futter und Wasser, so dass ich sagen kann: Hunger mussten wir dort nicht leiden. Schlimm war vielmehr, dass weder die Gestromerte noch ich je eingesperrt gewesen waren. Bis zu diesem Tag war unser Leben grenzenlos frei gewesen, doch nun konnten wir gerade mal zehn Schritte in die eine und zehn in die andere Richtung machen und waren umgeben von Gitterstäben. Das war kein schönes Gefühl. Auch roch es nicht gut.

Auf diesem Foto sieht man die Gestromerte und mich in der Perrera.

Rechts von uns waren vier große Hunde in einem Zwinger, die zum einen sich gegenseitig nicht mochten und zum anderen auch uns überhaupt nicht ausstehen konnten. Also versuchten wir tunlichst zu vermeiden, diesem Gitter zu nahe zu kommen, denn die Großen fühlten sich sofort provoziert und fingen an, auf's Übelste mit den Zähnen zu fletschen und zu keifen. Also ich muss sagen, auch wenn ich ihnen im Nachhinein vielleicht Unrecht tue, ich glaube, die haben das manchmal regelrecht herausgefordert, dass sie einen Grund zum Keifen hatten. Vielleicht waren sie auch schadenfroh, denn manchmal, wenn sie so laut wurden und so gefährlich taten, kam jemand und spritzte eiskaltes Wasser aus einem Schlauch in den Zwinger, sowohl zu denen als auch zu uns. An einem heißen Tag war das ja in Ordnung, aber der Wasserstrahl war hart, und wenn er dich direkt traf, tat er richtig weh. Links von uns waren bestimmt sechs kleinere Hunde, die waren alle alt oder krank oder schon so traurig, dass sie nicht einmal mehr fressen wollten und nur noch winselten. Eines Tages wurden die da rausgeholt und kamen nicht mehr zurück, und ich sagte zur Gestromerten, dass die bestimmt nun getötet worden waren.

Da wurde sie noch trauriger, als sie ohnehin schon war und wollte nicht mehr fressen. Wie sollte ich da noch mit Appetit mein Futter verzehren? Es war nicht nur eng und erniedrigend, beängstigend und befremdlich, es war auch langweilig in der Perrera. Es war so schlimm, dass ich manchmal das Gefühl hatte, ich würde mich selbst nicht mehr spüren. Da begann ich, mir in mein Bein zu beißen, denn dann spürte ich, dass ich noch lebte. Noch heute überkommt mich diese Angewohnheit aus der Zeit in der Tötungsstation ab und zu, aber ich glaube, meine Menschen-Chefin hat Verständnis dafür.

So vegetierten wir vor uns hin. Ich war mir nicht sicher, ob ich die Tage richtig gezählt hatte, aber mir war klar, dass auch uns beiden nicht mehr viel Zeit blieb. Der einzige Trost für mich war, dass ich wusste, meine Mama und meine Geschwister hatten vielleicht zusammen in solch einem Zwinger sein dürfen und zumindest jeden Tag was zu fressen bekommen.

An einem Tag geschah das Unfassbare. Es kam eine Menschen-Frau in die Perrera, die wir schon einmal gesehen hatten. Sie zeigte auf einzelne Hunde, und diese Hunde wurden dann aus den Zwingern geholt und gingen mit der Frau mit. Sie sah nicht aus, als würde sie Hunde töten, ganz im Gegenteil. Und so beschlossen die Gestromerte und ich, ein letztes Mal unseren Lächel-Trick anzuwenden.

Wir setzten uns dicht an das Zwingergitter und legten unsere Köpfe schief. Die Frau blieb stehen und blickte uns an. Dann schüttelte sie den Kopf und wollte schon weitergehen. Mir gefroren fast die Lefzen vor Schreck, und das Lächeln sah bestimmt sehr künstlich aus, doch es schien im letzten Augenblick auch bei dieser Menschen-Frau zu funktionieren, denn nachdem sie in ein kleines Kästchen gesprochen hatte, welches sie sich an's Ohr hielt, nickte sie und zeigte schließlich auch auf uns. Und so kam es, dass wir von dieser Menschen-Frau gerettet, aus der Perrera befreit und zu einer sogenannten Pflegestelle gebracht wurden. Dort bekamen wir Namen, denn die Menschen machen das so. Sie geben

Hunden, die sie zu sich in Familien holen, Namen. Die Gestromerte wurde Candela genannt und ich Selena. Zum Glück durften wir auch dort vorerst noch zusammenbleiben.

Auf diesem Foto werde ich zum ersten Mal an einer „Leine" aus der Perrera geführt. Einen Strick um den Hals zu haben fand ich anfangs ziemlich doof.

Man sieht, wie ich die Ohren anlege. Das mache ich eigentlich nur, wenn ich ganz unsicher bin.

Die neue Familie

Wir waren vorerst in Sicherheit, das konnte ich irgendwie spüren. Alles war besser, als in der Perrera auf den Tod zu warten oder auf der Straße zu leben in der täglichen Sorge um das Überleben. Die Gestromerte, Candela, und ich waren zunächst bei einer Frau, die außer uns bestimmt fünf weitere Hunde hatte. Zu ihrem Haus gehörte ein kleiner Garten, der von einer hohen Mauer umgeben war. Hier durften wir uns eigentlich den ganzen Tag aufhalten.

Von den anderen Hunden mochte ich nicht alle, den meisten ging ich aus dem Weg. Solange ich Candela bei mir hatte, war alles in Ordnung. Wir waren jetzt nur noch manchmal traurig, das war immer dann, wenn wir wieder an alles erinnert wurden, was mit unserer Familie passiert war und wenn plötzlich einer der Hunde von fremden Menschen geholt wurde und irgendwann dann wieder ein neuer dazu kam. So war es eigentlich ein ständiger Wechsel, und ich mag Wechsel bis heute nicht so besonders.

Eines Tages kam eine Menschen-Familie mit zwei kleinen Kindern zu uns Hunden in den Garten und ich sagte noch zu Candela, dass wir ja mal unseren Lächeltrick anwenden könnten mit den schiefgelegten Köpfen, vielleicht würden sie uns ja mitnehmen, dann wären wir noch mehr in Sicherheit. Gesagt, getan. Die Menschen blieben tatsächlich bei uns stehen und sahen uns lange direkt an. Eigentlich mögen wir Hunde es nicht so, wenn Menschen-Augen so ganz direkt in unsere Hunde-Augen schauen, aber wir dachten beide, dass es vielleicht gut wäre, wir würden den Blicken standhalten. Doch plötzlich ging es bei mir nicht mehr, und ich musste meinen Blick abwenden, und da konnten die Menschen natürlich auch nicht mehr gut mein Hunde-Lächeln sehen, bloß das von Candela konnten sie immer noch sehen. Wahrscheinlich war damit die Entscheidung gefallen. Es war nach dem Erlebnis mit dem Einfangen meiner Mama und Geschwister und der Zeit in der Perrera der drittschwärzeste Tag in meinem Leben: Die Menschen-Familie nahm meine Hunde-Freundin Candela mit. Als sie ihr die Leine um den Hals legten und sie mit sich fortzogen, blickte Candela sich die ganze Zeit zu mir um. Wir waren beide eigentlich sprachlos und konnten uns gar nicht richtig verabschieden. Im Nachhinein fällt mir so vieles ein, was ich ihr noch hätte sagen wollen.

Damals überkam mich eine Schockstarre. Ich legte mich hin, den Kopf auf die Pfoten und spürte bis in die kleinste Faser meines Herzens die Einsamkeit, wie sie durch mich hindurchkroch und am ganzen Körper lähmte. So eine schlimme Traurigkeit war das, dass ich ein paar Tage lang überhaupt nicht mehr fressen wollte. Ich lag fast nur noch da. Manchmal kam einer der anderen Hunde und versuchte, mich mit seiner Schnauze anzustupsen und aufzufordern, dass ich mit ihnen eine Runde durch den Garten drehte oder mit ihnen spielte. Aber mal ehrlich, wenn man seine allerbeste und einzige Freundin verliert, ist es doch wohl normal, dass man einfach nur traurig ist, oder?

Doch mit der Traurigkeit ist das ein bisschen so wie mit dem Hunger, der vergeht, wenn man was isst oder mit der Müdigkeit, die vergeht, wenn man schläft. Irgendwann ist keine Kraft mehr da, um noch trauriger zu sein. Man merkt, dass die Welt sich weiterdreht und dass die anderen ihr Leben weiterleben und dass keiner so richtig verstehen kann, warum man so lange so traurig ist. Ich glaube, die anderen Hunde hatten Candela schnell vergessen, weil ja ohnehin ständig neue Hunde kamen. Nur ich werde sie natürlich nie vergessen, das seht ihr ja allein schon daran, dass ich jetzt, nach all der langen Zeit, immer noch so viel von ihr erzählen mag.

Die Erinnerungen blieben lebendig, doch die Traurigkeit wurde erträglicher, und nach einiger Zeit musste ich natürlich auch wieder fressen. Mit den anderen Hunden dort wollte ich aber nicht wirklich etwas zu tun haben, und vor allem konnte ich es nicht ausstehen, wenn einer von ihnen zu dicht an meinen Futternapf kam. Da sagte ich dann schon deutlich, dass ich das nicht so gerne mochte.

Ich kann nicht sagen, wie lange ich bei dieser Pflege-Frau in dem Spanien-Land blieb, ich weiß nur noch, dass eines Tages drei von uns Hunden dort ein enges Band um den Hals bekamen, welches die Menschen **Halsband** nennen. Ich habe mal gesehen, dass Menschen-Weibchen auch solche Halsbänder tragen, aber die glänzen meist oder haben bunte Steinchen dran. Niemals habe ich aber gesehen, dass Menschen-Männchen eine Leine an diesem Weibchen-Halsband befestigen und sie damit durch die Straßen führen. Da frage ich mich, weshalb tragen sie dann Halsbänder?

Jedenfalls war ich einer dieser drei Hunde mit Halsband, und gemeinsam kamen wir wieder mal in ein Kisten-Auto, jeder Hund in eine eigene Kiste. Es waren kleine Kisten und viele, und nach ein paar weiteren Stopps, die eingelegt wurden, war das Kisten-Auto wirklich voller Kisten mit Hunden drin. Dann ging es auf eine lange, lange Reise. In dem Kisten-Auto war es stickig und warm, und ich gebe zu, dass ich Angst hatte, denn ich wusste ja überhaupt nicht wohin die Fahrt ging. In dieser Kiste war es eng, und das fühlte sich sehr beklemmend an. Bis heute mag ich es nicht besonders, in einer Kiste eingesperrt zu werden, denn es erinnert mich an diese Fahrt.

Sich mit den anderen Hunden im Kisten-Auto zu unterhalten, war nicht gut möglich, denn irgendwie war jeder mit sich und seiner Kisten-Situation beschäftigt, und wir kannten uns ja auch gar nicht. Hunde müssen sich erst einmal kennen, bevor sie sich miteinander unterhalten können, und um sich kennenzulernen, müssen sie sich leibhaftig sehen, denn wir Hunde verständigen uns mit unserem ganzen Körper.

Ich habe mal gehört, dass Menschen sich manchmal auch kennenlernen, indem sie sich nur schreiben, mit Kästchen in der Hand oder am Ohr reden oder sich Bilder schicken, die haben da was erfunden, das sie *„Internet"* nennen und *„Händi", „Smartfoun"* oder so. Aber ich sag euch mal ganz ehrlich, wenn man sich in Wirklichkeit gegenübersteht, also ich als Hund, und ich sehe, der andere wackelt mit dem Schwanz und spitzt die Ohren, dann weiß ich gleich, der ist mir freundlich gestimmt. Menschen können einem da leidtun, denn ich denke, die sind in ihren Möglichkeiten deutlich eingeschränkt, weil sie so vieles über ihre Menschen-Sprache machen. Ich weiß nicht einmal, ob die Menschen überhaupt Ohren spitzen können, und einen Schwanz haben sie ja auch nicht, jedenfalls nicht alle, und wedeln können sie erst recht nicht damit.

Aber ich schweife schon wieder ab. Jedenfalls, diese Fahrt im Kisten-Auto war echt verdammt lang. Zwischendurch wurde mal eine Pause gemacht, ich glaube Menschen müssen auch von Zeit zu Zeit ihr Bein heben, damit meine ich natürlich, sie müssen mal pinkeln, auch wenn ich das noch nie so direkt gesehen habe. Menschen-Männchen jedenfalls können im Stehen pinkeln, aber sie heben dabei kein Bein. Wie das Menschen-Weibchen machen, weiß ich ehrlich gesagt gar nicht. Vielleicht setzten sich die Weibchen auch so leicht hin, wie das bei uns die rangniederen Hunde machen. Wir durften kurz an der Leine aus unseren Kisten, um unsere Beine zu heben (ich habe noch nie anders mein Geschäft gemacht, als mit gehobenem Bein), und wir bekamen frisches Wasser und ein bisschen frische Luft um die Nase. Das fand ich nett von den Fahrer-Menschen. Die sahen ganz schön müde aus, denn es war auch draußen an der frischen Luft richtig warm.

Leider dauerte die Pause nicht allzu lang, und die Menschen mussten uns wieder in unsere Kisten schieben. Manche von uns fanden das überhaupt nicht witzig und wollten lieber draußen bleiben, und die Menschen kamen ganz schön ins Schwitzen dabei. Schließlich, nachdem auch der kleine schwarze Wuschelhund eingefangen war, der es geschafft hatte, kurz mal auszubüxen, ging die Fahrt weiter. Was blieb mir anderes übrig, als zu schlafen, und dabei träumte ich ein bisschen.

Ich träumte vom Spanien-Land, von den Urlaub-Menschen, wie ich die mit Candela zusammen immer angelächelt und Futter erbettelt hatte, ich träumte von Candela und wie schön es war, wenn wir zusammengekuschelt auf unserem Schlafplatz lagen, und ich träumte natürlich auch von meiner Mama, denn im Traum kommen manchmal auch die Erinnerungen von ganz weit unten wieder hoch und werden so lebendig, dass man das Gefühl hat, sie würden sich mit der Wirklichkeit vermischen. Schließlich, ich hatte schon fast die Hoffnung aufgegeben, endlich aus der Kiste zu kommen, hielt das Kisten-Auto an, alle Hunde begannen zu bellen, und es fühlte sich wie Aufbruch an.

Vor dem Auto standen viele Menschen, die hatten ganz erwartungsvolle Gesichter. Ich war schon wirklich gespannt, was nun passieren würde. Die Fahrer-Menschen stiegen aus, lachten, hatten viele Papiere dabei, lasen Namen von den Hunden vor, aber auch Namen von Menschen, und es wurden immer mehr Hunde-Kisten aus dem Auto getragen. Es war hier nicht mehr das Spanien-Land, denn es war viel kühler, roch ganz anders und war sehr windig. Ich wollte auch raus und stimmte in das aufgeregte Bellen und Winseln der anderen Hunde mit ein, schließlich sollten sie mich auch beachten, und übrigens war mein Name Selena, falls die Menschen in dem allgemeinen Durcheinander das vergessen hatten.

Doch schließlich glaubte ich auch, meinen Namen zu hören. Ich wurde mitsamt der Kiste aus dem Auto geholt und durfte raus. Und jetzt kommt echt das Krasseste, das glaubt ihr nicht. Ich hatte noch nicht einmal Zeit, den Neu-Menschen anzulächeln, da schüttelte diese Menschen-Frau schon den Kopf, als sie mich sah. Die Fahrer-Menschen versuchten, sie zu überreden, doch sie blieb beharrlich am Kopfschütteln und sagte Worte, die klangen so wie: *„zu groß, viel zu groß, anders vorgestellt"* und so.

Es half nichts. Ich musste nach ein paar Minuten in der frischen Neu-Land-Luft wieder zurück in die Kiste und zurück in das Kisten-Auto und musste mit ein paar anderen Hunden noch einmal eine lange Reise machen. Später erfuhr ich, dass ich zuerst vom Spanien-Land in das Deutsch-Land, und zwar in die Stadt Hamburg gefahren war und dann wieder zurück durch das Deutsch-Land nach Bad Mergentheim. Also, gewundert hatte ich mich schon über die Menschen, denn ich finde nicht, dass ich zu groß bin. Eigentlich bin ich genau richtig, finde ich. Aber wir Hunde können die Menschen nicht immer verstehen, leider.

So fuhr ich eben nochmal quer durch das Deutsch-Land. Wir machten noch eine Pause und die Fahrer-Menschen sahen auch schon furchtbar müde aus mit dunklen Rändern unter den Augen, fast wie Bulldoggen. Endlich, als ich selbst schon gar nicht mehr zu hoffen wagte, dass ich wirklich noch mal aus dieser engen Kiste befreit werden würde, kamen wir in der zweiten Stadt in dem Deutsch-Land an. Wieder war eine Menschen-Frau da, die auf unser Kisten-Auto gewartet hatte. Ich war, das muss ich euch ganz ehrlich sagen, sogar zu müde für meinen Lächel-Trick und hatte ganz wackelige Beine, als ich nach diesen vielen Stunden Kisten-Fahrt rausdurfte.

Die Menschen-Frau war freundlich zu mir, streichelte mir über den Kopf und sagte meinen Namen mit einer ganz schönen, hellen Stimme. Da konnte ich sogar wieder ein bisschen zur Begrüßung mit dem Schwanz wedeln und sie anschauen. Und bevor ich womöglich nochmal in die Kiste steigen musste, ging ich ganz lieb mit der neuen Frau mit. Leider hatte sie in ihrem Auto wieder eine Kiste, allerdings eine viel größere, und bevor ich wieder in diese Kiste steigen musste, ging die Menschen-Frau noch ein paar Meter mit mir spazieren. Sie verstand offenbar viel von uns Hunden, denn sie wusste, dass es wichtig für mich war, dass ich zuerst einmal meine Umgebung erschnüffelte und an manchen Stellen auch mein Bein hob, und zwar erstens, weil ich auch wirklich pinkeln musste und zweitens, um meine Ankunft deutlich zu machen. Sollten sie ruhig alle riechen, dass ich jetzt hier war.

Nachdem die Menschen-Frau also geduldig an vielen Stellen stehengeblieben war, die für mich von Bedeutung waren, lud sie mich freundlich ein, nochmal in eine Kiste zu steigen. Und ich machte es ihr zuliebe, wenn auch meine Lust auf Auto und Kiste wirklich stark Richtung Minus ging. Irgendwie wollte ich sie nicht enttäuschen, und ich glaube, sie freute sich darüber. Während der Fahrt redete sie sehr viele Worte in ihrer Menschen-Sprache zu mir, wovon ich nichts verstand, da ich zuvor ja nur die Sprache aus dem Spanisch-Land gehört hatte. Aber da ich nicht als Hund in einer Menschen-Familie gewohnt hatte, hatte ich mich auch nicht an die Menschen-Sprache und ihre Bedeutung gewöhnen können. Deshalb konnte ich jetzt nur erkennen, ob sie freundlich oder böse mit mir sprach, und ich war beruhigt, dass es freundlich klang.

Nach einer angenehm kurzen Fahrt in der viel geräumigeren Kiste durfte ich aussteigen. Die Menschen-Häuser in dem Deutsch-Land sahen ganz anders aus als in dem Spanien-

Land. Sie waren größer. Auch der Garten war größer. Es gab auch einen eingezäunten Hof, in dem schon zwei oder drei andere, viel größere Hunde neugierig umherliefen. Sie schenkten mir überhaupt keine Beachtung, so als wären sie etwas Besseres. Später erklärten sie mir mal, sie seien Huskys und in ihren Adern würde das Blut edler Schlittenhunde aus dem Norden dieser Erde fließen. Als ich sagte, in meinen Adern würde das Blut der schönsten Hündin und des klügsten Rüden im ganzen Spanien-Land fließen, da lachten sie so laut, dass sie sich beinahe verschluckten. Ich konnte nichts Lustiges daran finden und beschloss, mich nicht weiter mit den Husky-Hunden zu unterhalten. Sie erklärten mir nämlich dann gleich im zweiten Satz, dass ich hier nur auf der Durchreise sei, weil sie hier eine Pflegestelle für Straßenhunde aus Spanien seien. Ihr hättet mal hören sollen, wie abfällig das Wort Straßen-Hund aus ihrem Maul klang, also echt, da fühlte man sich gleich, als wäre man nur halb so viel Wert. Sie hingegen, sie seien die persönlichen Begleiter der Menschen-Frau und würden natürlich selbstverständlich nicht weitervermittelt werden. Okay, ich hatte es kapiert. Noch am Ankunftstag nach dem zweiten Satz mit diesen Husky-Hunden wusste ich, dass da keine Freundschaft draus werden würde.

Die nächsten Wochen versuchte ich mich, mit der Situation dort zu arrangieren. Die eitlen Husky-Hunde ließen mich weitgehend in Ruhe. Ich durfte einmal am Tag mit einem netten Menschen-Mädchen eine große Runde spazieren gehen und bemühte mich, nicht zu sehr meine eigenen Wege gehen zu wollen, denn dann zog die Leine straff und das wurde schweineeng um den Hals. Manchmal hatte das Menschen-Mädchen Rollen an den Füßen, damit war sie wirklich schnell, und dann konnte ich so richtig Gas geben und neben ihr herrennen. Das gefiel mir gut. Ich versuchte, alles richtig zu machen, was die Menschen von mir verlangten, und ich merkte, dass es nicht immer ganz einfach ist, alles zu verstehen, was sie von einem wollen.

Ich blieb jedoch nicht wirklich lange bei der Menschen-Frau und den Schlittenhunden und meine, etwas gehört zu haben, was die Menschen-Frau in ihr Kästchen am Ohr gesagt hatte von wegen *„Einzelhund"* und *„schwierig mit den Huskys"*. Ja, ich gebe zu, diese arroganten Schnösel waren wirklich nicht einfach, und ich habe den eitlen Wuscheltieren dann schon auch mal aus Rache das Futter vor der Nase weggeschnappt und hatte meine Freude daran, ihre verdutzten Gesichter zu sehen, denn schnell waren sie nicht.

Ich frage mich, ob sie wirklich einen Schlitten hätten ziehen können, so träge wie die sich bewegten.

Naja, und dann ging es irgendwie ganz schnell. Ich musste noch einmal in ein Kisten-Auto steigen und wurde in eine andere Stadt gebracht. Da ich ja zwischenzeitlich schon einige Erfahrung hatte in Sachen *„Pflegestelle"*, fand ich mich in meiner zweiten Pflegestelle in dem Deutsch-Land in der Stadt Würzburg ziemlich schnell zurecht. Auch hier waren es wieder einige Hunde, und ich war gar nicht lange genug dort, um sie näher kennenlernen zu können. Denn an einem schönen Nachmittag im Menschen-Monat Mai (die Menschen zählen die Zeiten des Jahres in Monaten und Tagen, wir Hunde zählen gar nicht, wir leben sie nur) kam eine Menschen-Frau mit ihren zwei Kindern, einem Menschen-Mädchen und einem Menschen-Jungen. Wir waren alle in einem großen Garten, und ich wusste überhaupt nicht so richtig, wie mir geschah. Alles, was passierte, war völlig ungeplant. Ich kam nicht einmal mehr dazu, meinen Lächel-Trick anzuwenden, denn die Menschen-Frau rief einen Namen, der so ähnlich klang, wie Selena. Sie rief: „Senta!", und ihre Stimme und die Art, wie sie den Namen rief, machten mir unmissverständlich deutlich, dass sie ganz genau mich damit meinte und dass wir ab jetzt zusammengehörten. So lief ich direkt zu ihr, wie sie da mitten im Garten in die Hocke gegangen war. Wir schauten uns an und es war klar: Das war meine neue Familie. Sie streichelten mir sanft über den Kopf, auch die Menschen-Kinder, und es fühlte sich richtig an. Die Menschen-Frau stand auf, nickte und lächelte den anderen zu. Sie gaben sich die Hand und tauschten bedrucktes Papier aus, ich glaube, sie sagen **Geld** dazu, außerdem noch andere Papiere, die offenbar wichtig dafür waren, dass ich mit der neuen Familie mitfahren durfte. Noch einmal musste ich in eine Kiste steigen, allerdings glücklicherweise wieder eine sehr große, und wir fuhren mit dem Auto in meine neue Heimat. Irgendwie spürte ich, dass nun alles gut werden würde.

Hier sieht man mich bei meiner ersten Begegnung mit der neuen Menschen-Familie (die Kinder heißen Lena und Felix).

In so einer Kiste musste ich anfangs Autofahren.

Das Leben auf dem Ponyhof

Die Menschen-Frau hatte auch einen Menschen-Mann. Das fand ich natürlich erst einmal sehr spannend. Doch direkt, als ich dort aus der Kiste im Auto kletterte und sehr neugierig alles beschnüffelte und beschwanzwedelte, spürte ich seine Zurückhaltung, als ob es da etwas in ihm gäbe, das ihn davon abhielt, sein Herz für mich zu öffnen. Aber er war nicht unfreundlich, und ich vermutete, dass ich schon noch eine Gelegenheit finden würde, um mich in sein Herz zu schleichen. Jedenfalls war alles mehr als aufregend. Bei uns Hunden ist es so, dass es zwei Anführer im Rudel gibt: einen Rüden und eine Hündin. Wenn Hunde in einer Menschen-Familie leben, wird meistens der Menschen-Mann zum Leitrüden und die Menschen-Frau zur Leithündin. Also, ich denke, so sollte es sein, denn die Menschen kennen sich prima aus in ihrer Welt, die sie mit uns Hunden teilen. Wenn Menschen allerdings dem Hund die Chef-Rolle geben, indem sie keine klaren Regeln aufstellen, dann weiß ein Hund oft gar nicht so richtig, was er tun und lassen darf, und dann versucht so ein Hund, so gut er es eben kann, die Rolle des Rudelführers zu übernehmen. Das bedeutet dann, dass er zuerst sein Futter bekommt und dann erst der Mensch und auch, dass der Hund sich den Platz aussucht, auf dem er schläft und der Mensch muss weichen. Also, wenn ich ehrlich sein soll, ich habe von Anfang an gemerkt, dass meine Menschen-Familie klar die Rolle der Rudelführer übernommen hatte, und für mich war das gut so. Ich habe das nie infrage gestellt.

Hier sieht man, wie ich mich schon längst in das Herz vom Menschen-Mann geschlichen habe.

Ich merkte sehr schnell, dass ich mein neues Zuhause mit vielen anderen Tieren teilen musste. Was ich im ersten Moment alles andere als toll fand, waren die Katzen. Eigentlich hasse ich diese Tiere. Das war schon im Spanien-Land so. Katzen können total fies sein. Manche von denen sind richtig falsch. Ich werde einfach nicht schlau aus ihnen, und das ist bis heute so geblieben. Schon damals, im Spanien-Land, wusste ich nicht so recht, wie ich die Katzen zu nehmen hatte. Da waren welche, die gaben vor, mit mir spielen zu wollen. Und wenn ich der Aufforderung dann nachkam, konnte es sogar sein, dass wir eine ganze Weile vergnügt zusammen herumtollten, bis die Katze urplötzlich, ohne erkennbaren Grund, die Krallen ausfuhr und sie mir dermaßen scharf über die Schnauze zog, dass das Blut nur so heruntertropfte. Gut, vielleicht hatte ich ein wenig doll zugepackt mit meinem Maul, aber war das denn gleich ein Grund, so heftig zu reagieren?

Seit mir das zum ersten Mal passiert war, wurde ich vorsichtiger. Und weil mir dann aber noch zwei, drei Mal mit anderen Katzen ähnliches passierte, beschloss ich, mich künftig stellvertretend an allen Katzen, die meinen Weg kreuzten, zu rächen. Die meisten Katzen bleiben nämlich nicht einfach sitzen, wenn ein Hund kommt, sondern rennen weg.

Und ich, ich renne unglaublich gerne hinterher. Ich jage jedem Tier hinterher, das vor mir wegrennt, das macht mir Spaß.

Jedenfalls, die neue Menschen-Familie hatte zwei Katzen. Die eine hatte den Namen „Socke", die andere hieß „Stiefel". Socke war eine mürrisch dreinblickende Katze, die aber unglaublich schlau ist. Sie blieb einfach sitzen, stellte die Haare an Rücken und am Schwanz auf und fauchte mich an. Da wusste ich direkt: Mit der ist nicht zu spaßen. Die jage ich deswegen auch nur ein bisschen und nur draußen im Garten, denn im Haus würde sie mir mit ihren spitzen Krallen eins überziehen, da bin ich mir ziemlich sicher.

Hier sieht man mich mit Katze Socke. Sie blickt übrigens immer so mürrisch drein.

Die andere, also der Kater Stiefel, hatte die totale Panik, als er mich erblickte und versteckte sich gleich hinter der Spülmaschine, wo er leider aus eigener Kraft nicht mehr vorkam. Da musste erst ein bisschen was ausgebaut werden, bis der Kater befreit war.

Ab dem Zeitpunkt war klar, dass er nicht mehr so gern ins Haus kam, weil er wusste, dass ich dort war, und richtige Freunde würden wir nicht werden, das war auch verständlich. Die Stiefelkatze wurde einige Zeit später leider vor dem Menschen-Haus von einem Raser-Auto überfahren und war sofort tot. Das tat mir dann doch auch irgendwie leid, weil ich sah, wie traurig die Menschen-Familie darüber war. Es kamen dann aber immer wieder neue Katzen dazu, und mit den Jahren konnte ich mich besser mit den Katzen abfinden, die eben zu meiner Menschen-Familie gehörten.

Das Einzige, was ich wirklich ausgesprochen gut an den Katzen finde, ist ihr Katzenfutter. Katzenfutter ist sehr schmackhaft und bekömmlich. Da Katzen aber wählerisch sind, lassen sie meistens ein paar Stückchen von ihrem Futter im Napf übrig. Und da komme ich ins Spiel. Ich räume auf und mache sauber. Nach dem Katzenfrühstück oder dem Katzenabendessen darf ich deren Näpfe sauber schlecken.

Mit der Zeit verstand ich auch, dass nicht ich den Zeitpunkt zu bestimmen habe, wann die Katzenmahlzeit beendet ist.

So wirklich schlau werde ich bis heute nicht aus den Katzen-Tieren. Wenn wir Hunde zum Beispiel spielen wollen oder wenn wir uns freuen, wenn wir jemanden begrüßen oder wenn es uns einfach nur gutgeht, dann wedeln wir mit dem Schwanz. Bei meinen ersten Begegnungen mit Katzen dachte ich, die machen das genauso. Oh, ich kann euch sagen, da hatte ich mich vielleicht getäuscht. Katzen, die mit dem Schwanz wedeln, sind höchst angriffslustig, und mit solch übel gelaunten Tieren ist erst recht nicht zu spaßen.

Was ich außerdem bis heute nicht begreife ist, weshalb sich die Menschen überhaupt Katzen in ihren Häusern halten. Ich habe gesehen, dass sie eigentlich ganz gute Jäger sind. Sie fangen Mäuse und Vögel und andere Tiere wie zum Beispiel Maulwürfe, kleine Schlangen oder Schmetterlinge. Doch anscheinend wissen sie nicht, dass man diese Beute selber aufessen kann. Vielleicht aber, das habe ich mir auch schon überlegt, sind sie einfach wählerisch in dem, was sie verspeisen. Was tun die Katzen? Sie legen das, was sie gefangen haben, den Menschen-Chefs vor die Türe. Dann streichen sie laut maunzend mit erhobenem Schwanz um die Beine der Menschen-Chefs und lassen sich streicheln und in den höchsten Tönen loben. Katzen sind, das konnte ich zweifelsfrei feststellen, sehr eitle Tiere. Und eigenwillig sind sie obendrein. Sie lassen immer nur genau das zu, worauf sie gerade selbst Lust haben.

Schwierig für mich zu verstehen war auch ihre verbale Katzensprache. Sie können nämlich sehr sonderbar knurren. Anfangs dachte ich, dass das eine Drohgebärde sei und knurrte zurück, woraufhin das Katzen-Knurren auch aufhörte und sie schrecklich fauchten und mir ihre fiesen spitzen Zähne und Krallen zeigten. Ich konnte aber im Laufe der Zeit feststellen, dass dieses Knurren der Katzen-Tiere erstaunlich lange anhalten kann. Es ist ein leises, beständiges Geräusch und klingt ein bisschen so wie ein Auto. Katzen machen das, wenn sie zum Beispiel auf der Küchenbank liegen, auf dem Sofa oder bei den Menschen-Chefs auf den Beinen. Die Menschen-Chefs streicheln die Katzen-Tiere dann, woraus ich schlussfolgerte, dass es kein gefährliches Geräusch sein konnte und nicht unmittelbar zum Angriff führte. Ich habe das auch mal ausprobiert, mich auf die Beine der Menschen-Chefs zu legen, sogar ohne Knurren, aber es war nicht sehr gemütlich, weil ich vorne und hinten fast runterfiel.

Mit der Zeit lernte ich jedenfalls, mich mit den Katzen irgendwie zu arrangieren. Es gab auch Katzen, die kamen schon als kleine Katzen-Kinder zu meiner Menschen-Familie. Die konnte ich mir so erziehen, dass es für mich passend war. Mit denen kann man auch prima spielen.

Manchmal, wenn ich versehentlich etwas zu fest zubeiße, quietschen sie ein bisschen, aber ich habe noch nie einer Katze absichtlich ernsthaft wehgetan. Eines dieser Katzen-Kinder hatte den Namen Mo. Als er in meine Menschen-Familie kam, vermisste er seine Katzen-Mama. Er war eigentlich noch viel zu klein, um ohne Mama sein zu können, und ich glaube, er hat in mir so etwas wie eine Ersatzmama gesucht. So schnell konnte ich gar nicht schauen, wie dieses kleine Etwas sich zu mir auf meinen Hunde-Platz gelegt hatte. Wie hätte ich dem kleinen Strolch ernsthaft böse sein können?

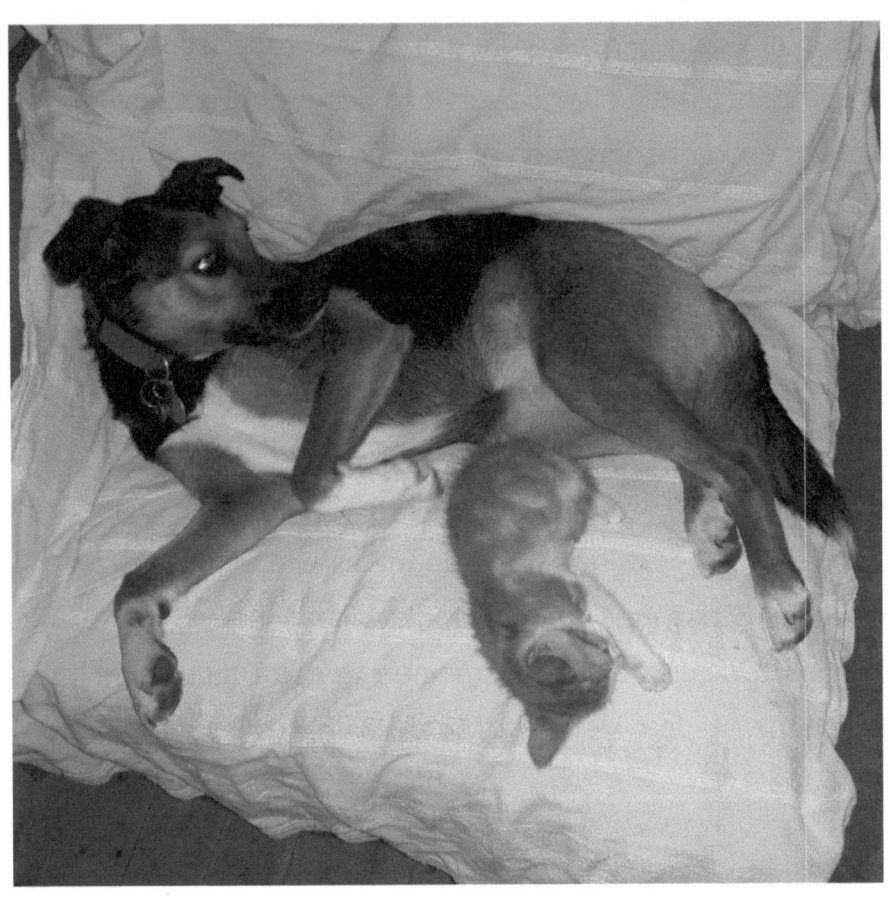

Hier sieht man Kater Mo, wie er sich einfach zu mir gelegt hat.

Das war also Mo, und mit ihm verstand ich mich echt gut. Als er endlich ein wenig größer war und nicht mehr bei jeder Kleinigkeit quietschte, als hätte sein letztes Stündlein geschlagen, konnte man sogar richtig gut mit ihm spielen. Am besten war Verstecken. Mo hatte super Verstecke, zum Beispiel im CD-Regal oder in der Kiste, in der die Menschen-

Chefs ihre Landkarten aufbewahren oder in einer Nische zwischen Schrank und Wand, wo nur er reinpasste. Wenn ich dann nichtsahnend vorbeikam, fuhr blitzschnell eine kleine Katzenpfote hervor, und dann ging es los.

Leider war Mo zu unvorsichtig an der Straße. Da fahren die Autos wirklich sehr, sehr schnell. Und an einem schönen Oktobertag kam eines dieser Autos und nahm Mos Katzenleben hinfort. Da waren alle sehr traurig, ich auch. Die Menschen-Chefs zeigten mir den Platz, wo der tote Kater lag und sagten was von *„Abschiednehmen"*. Aber das fand ich nicht schön. Hunde machen so etwas nicht. Sie graben auch keine Löcher, wo die Toten dann hineingelegt und zugebuddelt werden. Das tun nur Menschen. Die Menschen-Chefs, vor allem der Menschen-Junge, waren ganz lange traurig, dass es keinen Mo mehr gab. Aber nach etwa einem halben Jahr kam plötzlich eine andere kleine Katze. Sie sah Mo ähnlich, war auch noch winzig klein und trug den Namen Paulchen. Auch Paulchen hatte etwas Beschützenswertes an sich. Mein Versuch, ihm etwas Respekt vor mir einzuflößen, scheiterte direkt am ersten Tag, als er mir an den Schwanz hechtete. Ich konnte ihm nicht wirklich böse sein. Paulchen darf so manches, wovon ich nie gedacht hätte, dass ich es jemals bei einem Katzen-Tier zulassen würde. Ich hoffe, er wird vorsichtiger an der Straße sein.

Das sind Djego und Paulchen, wie sie sich ganz frech auf meinen Hunde-Platz gelegt haben

Hier sieht man Paulchen im Schuh und mich davor.

Hier sieht man mich mit Kater Paulchen spielen.

Soviel zu den Katzen, denen ich als allererstes begegnet bin, als ich in mein neues Zuhause kam. Etwas später sollte ich dann bereits die anderen Tiere kennenlernen.

Der Menschen-Chef hat *„Schafe"*. Solche Tiere kannte ich damals noch nicht, denn im Spanien-Land hatte es die nicht gegeben und ich denke auch, dass sie sich dort nicht so wohlgefühlt hätten, denn sie haben unwahrscheinlich viel Fell.

Manchmal haben sie so viel Fell, dass man gar nicht sofort sehen kann, wo vorne und wo hinten ist. Das Fell der Schafe ist fettig und riecht eigenartig, obwohl sie sich nicht in streng riechenden Dingen wälzen, so wie wir Hunde das gerne tun. Prima an ihrem Fell ist, dass es sozusagen wasserdicht ist, das hätte ich auch gerne. Unpraktisch finde ich, dass es sich im Sommer und Winter nicht von allein wechselt. Da muss immer ein Scheren-Mann kommen und den Schafen mit einer lauten Maschine das ganze Woll-Fell wegschneiden. Als ich das erste Mal zugesehen habe, sah es für mich ziemlich grob aus und ich dachte so bei mir, dass die Schafe das bestimmt nicht wirklich toll finden. Danach sahen sie extrem hässlich aus, als wären sie nackt, und ich glaube, dass sie anfangs auch ein bisschen froren ohne das Woll-Fell und sich vielleicht auch ein wenig schämten. Doch spätestens im frühen Sommer, wenn die Sonne unerbittlich vom Himmel heizt, sind sie bestimmt froh, dass sie die Winter-Wolle loshaben.

Hier sieht man den Menschen-Chef mit seinen Schafen.

Schafe sind in meinen Augen ausgesprochen dumme Tiere, und das hatte ich damals direkt erkannt. Sie rennen manchmal völlig unüberlegt in alle Richtungen davon. Weil ich das anfangs lustig fand, provozierte ich sie immer ein bisschen. Einmal, das war ziemlich am Anfang, als ich noch neu bei meiner Menschen-Familie war, da war ich in den Schafstall geschlichen und wollte sie nur ein bisschen rumschubsen und ausprobieren, wohin sie wohl rennen. Doch ich hatte die Rechnung nicht mit Schaf Nummer 2 gemacht. Dieses Schaf schaute mich böse an – und wenn ich böse sage, meine ich das auch so -, senkte seinen Kopf und rannte volle Pulle direkt auf mich zu. Ich war völlig perplex und konnte gar nicht so schnell reagieren. Schaf Nummer 2, so war wirklich sein Name, rammte mir den Kopf in die Flanke und drückte mich derart in die Ecke des Schafstalles, dass mir beinahe die Luft wegblieb. Dann trat es ein paar Schritte zurück und stand abwartend mit weiterhin gesenktem Kopf da. Zudem machte es heftige Schnaubgeräusche mit der Nase, so als ob es Staub eingeatmet hätte und den wieder hinausschnäuzen wollte.

Mit schmerzender Seite suchte ich schleunigst das Weite, und ich kann euch sagen, seit diesem Tag sind mir die Schafe nicht mehr ganz geheuer. Ich mache einen großen Bogen um sie. Auch wenn ich mit den Menschen-Chefs auf die Schaf-Weide gehe. Am sichersten fühle ich mich, wenn ich mit meiner Menschen-Chefin und ihrem Pony bei den Schaf-Wiesen vorbeikomme und aus sicherer Entfernung schauen kann, was die Wollköpfe tun.

Die einzige Ausnahme bilden die Schaf-Kinder, die von der Menschen-Chefin manchmal mit der Flasche gefüttert werden. Ich glaube, das kommt vor, wenn die Schaf-Mama sich nicht gut kümmert. Also meine Mama hat sich bestens um uns alle gekümmert, da hätte kein Mensch mit einer Flasche kommen müssen, das hat Mama ganz allein geschafft. Bei den Schafen jedoch kam so etwas häufiger vor.

Ich sagte ja bereits, dass ich vermute, dass Schafe nicht die Hellsten sind. Wenn jedenfalls die Menschen-Chefin mit der Flasche nachhelfen musste, war es meistens so, dass die Kleinen, ich glaube sie heißen *Lamm*, schon auf Zuruf an den Zaun gerannt kamen. Es sah ein bisschen so aus, als würden die Schaf-Lamm-Kinder denken, meine Menschen-Chefin sei ihre Mama. Nämlich, und jetzt kommt's, sie liefen ihr auf Schritt und Tritt hinterher. Meine Menschen-Chefin hat sogar schon Schaf-Lamm-Kinder mit in ihre Menschen-Schule zu den Menschen-Kindern genommen, und da sind die Schaf-Lamm-Kinder einfach so in das Auto mit eingestiegen.

Also, ich hätte niemals meine Mama mit einem Menschen und Flasche in der Hand verwechselt. Aber ich bin ja zum Glück auch kein Schaf. Jedenfalls, wenn die kleinen Wollköpfe, die übrigens ein ganz raues Fell haben, in den Garten kamen, konnte ich prima helfen, mich um das Schaf-Kind zu kümmern. Zum Beispiel fand ich es wichtig, dass man dem Lamm immer die Milch abschleckte, die danebentropfte oder einen weißen Schaumrand um das Lämmermaul bildete. Sicherheitshalber schleckte ich auch den Rest des Lammes immer gleich ein bisschen mit ab.

Hier sieht man, wie ein Schaf-Lamm die Flasche bekommt.

Die Lämmer werden meistens geboren, wenn es „**Winter**" ist. Menschen geben der Zeit, in der es nass und kalt und manchmal alles mit einer weißen Decke überzogen ist, diesen Namen. Dass die Lämmer ausgerechnet im Winter auf die Welt kommen, liegt daran, dass die Schafe zu dieser Zeit im

Stall sind und nicht auf der Weide. So können die Menschen-Chefs besser nach ihnen schauen.

Hier sieht man eine Schaf-Mama mit drei Lämmern.

Einmal hatte die Menschen-Chefin mitten in der Nacht so ein Gefühl, wie sie später sagte. Ich verstehe nicht, was genau sie mit Gefühl meinte, aber es musste eine Art innere Stimme sein, die sie aufweckte und dazu brachte, mitten im kalten Winter hinauszugehen. Sie fand ein Lamm draußen vor dem Stall liegen. Es war ganz frisch geboren und noch nass, aber die Mutter war mit zwei anderen Lämmern im Stall und kümmerte sich nur um diese beiden. Schafe bekommen manchmal Drillinge. Das dritte Lamm beachtete sie jedenfalls nicht. Da hatte sie aber die Rechnung ohne die Menschen-Chefin gemacht. Die holte das total unterkühlte und nur noch schwach atmende Lamm in's Haus, badete es warm und rubbelte es mit weichen Tüchern trocken. Dann wurde es in das Katzenkörbchen gebettet, an den warmen Kachelofen gestellt und bekam immer wieder ein bisschen von der dicken, gelben Milch, die der Menschen-Chef bei dem Mutter-Schaf aus dem Euter drückte. Die Menschen nennen das *„melken"*. Und, ob ihr das glaubt oder nicht, die Wärme und diese *„Biestmilch"* (das Wort fiel oft in dieser Nacht, deswegen konnte ich es mir so gut merken) ließen bei dem Kleinen die Lebensgeister zurückkehren. Sie gaben ihm den Namen „Norman", und die ersten zwei Tage war Norman im Haus. Nachts stellte die Menschen-Chefin das Körbchen mit dem Lamm sogar neben ihr Bett, um ihm alle zwei Stunden zu trinken zu geben. Das fand ich ein wenig fies, denn ich durfte nie dort schlafen. Aber ich war ja auch schon groß. Prima fand ich, dass ich helfen durfte, Norman zu füttern. Lämmer wackeln dabei immer so lustig mit dem Schwanz, was ich anfangs als Aufforderung zum Spielen verstand. Nachdem ich den Kleinen allerdings ein paarmal umgeschubst hatte, meinte

meine Menschen-Chefin, dass ich lieber noch vorsichtig sein
sollte.

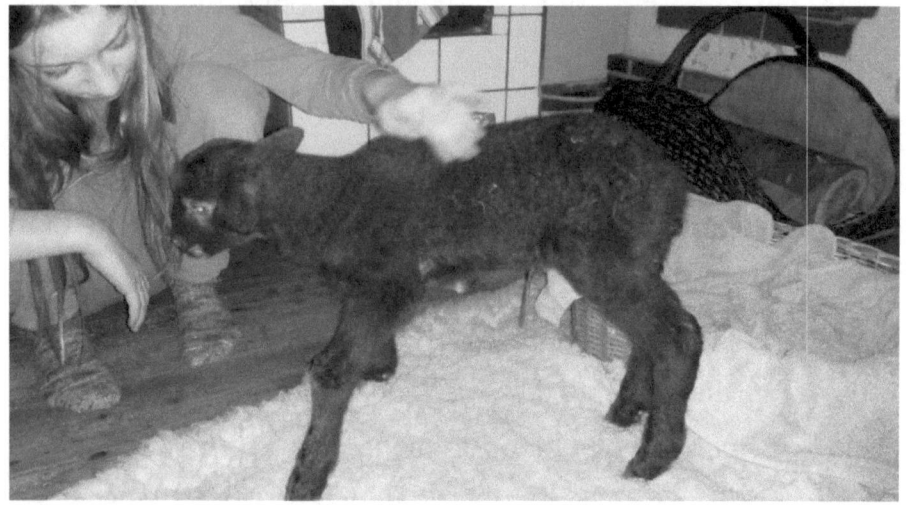

Hier sieht man das Schaf-Lamm „Norman", als es wieder ein bisschen aufgewärmt war.

Hier sieht man Norman auf dem Arm der Menschen-Chefin.

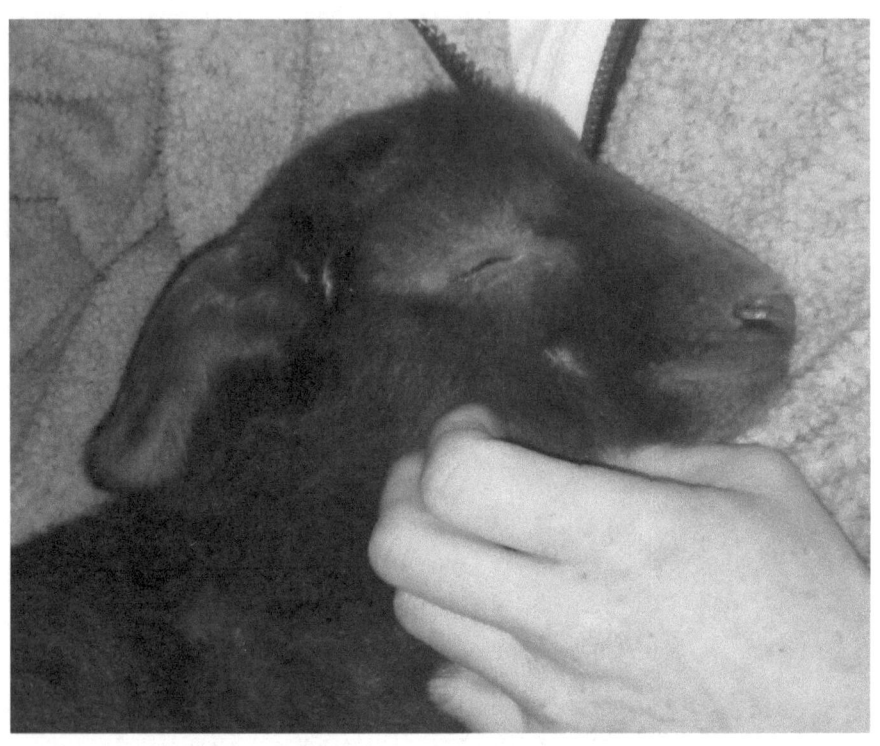

Hier sieht man, wie zufrieden das Schaf-Lamm ist, und wie es schläft.

Die Schafe fressen übrigens Gras. Das mache ich auch, aber nicht in den Mengen wie die Schafe es tun. Ich brauche das Gras für meine Verdauung. Meine Menschen essen auch so etwas ähnliches wie Gras, vor allem die Menschen-Chefin, aber ich glaube, sie nennen es *„Salat"*. Im Winter, wenn die Schafe im Stall sind, bekommen sie noch was anderes zu fressen, das schmeckt noch besser als Gras. Ich glaube, das nennt mein Menschen-Chef *„Zuckerrübenschnitzel",* und wenn ich da was davon erwische, kann ich gar nicht genug davon bekommen, denn es schmeckt wunderbar süß. Allerdings kann ich dann auch nicht schnell genug nach draußen, um mein großes Geschäft gleich mehrmals zu erledigen.

Meine Menschen-Familie hat aber noch mehr Tiere. Als ich dort ankam, zeigte mir die Menschen-Chefin gleich nach den Katzen, also am Tag darauf, die Ponys. Es waren drei Stück, und sie trugen folgende Namen: Sisco, das war der Chef, das spürte ich sofort, denn wenn der nur ein bisschen die Ohren anlegte, wichen die anderen direkt zurück. Ich auch übrigens, ganz automatisch passierte das, ohne dass ich darüber nachdenken musste. Dann war da der wunderschöne, stahlgraue Rocky, der stand so zwischen den beiden anderen Ponys, und ein kleiner, braun-weiß gescheckter und sehr frecher, selbstbewusster Ponymann, der Manfred hieß. Sie riefen ihn aber immer nur „Manni". Manni ist inzwischen nicht mehr auf dem Pony-Hof meiner Menschen-Familie, sondern bei einer anderen Familie.

Aber als ich neu dort hinkam, waren es drei dieser Huftiere. Bei ihnen war ich mir anfangs nicht so sicher, was ich von ihnen halten sollte. Auch diese Tiere wedeln nämlich ständig mit ihrem Schwanz, aber ich habe herausgefunden, dass das auch bei ihnen, ähnlich wie bei den Katzen, nicht bedeutet, dass sie spielen oder ihre Menschen-Chefs begrüßen wollen. Meistens machen sie das Schwanzwedeln nämlich im Sommer und manchmal richtig wild, und einmal habe ich gesehen, dass sie damit Fliegen und andere lästige Flugobjekte verscheuchen können. Das finde ich wiederum praktisch. Ich versuche, diese lästigen Flugtiere zu fangen und komme manchmal aus dem In-die-Luft-Schnappen fast nicht mehr heraus. Allerdings gibt es da auch echt gefährliche Teile, die da so herumschwirren. Die sind mit langen Nadeln bewaffnet, und wenn man nicht richtig zubeißt, kann es passieren, dass sie einem damit in's Maul stechen. Das ist ziemlich fies, finde ich.

Hier sieht man, wie gut ich im Pony-Tier-Erspähen bin.

Aber ich wollte ja von den Ponys erzählen. Die Menschen-Chefin verbringt viel Zeit mit den Pony-Tieren, und ich durfte von Anfang an mit dabei sein. Sie setzt sich auf das Sisco-Tier und dann geht es los durch den Wald, über die Wiesen, und ich liebe es, dabei zu sein. Pony-Tiere können ziemlich schnell sein, aber ich bin, na klar, schneller. Solange meine Menschen-Chefin auf dem Pony-Tier sitzt oder dieses an einer Leine führt, weiß ich, dass sie gut darauf aufpasst. Aber wenn die Pony-Tiere auf einer Weide sind, wo sie völlig frei herumrennen, dann fühle ich mich irgendwie verantwortlich.

Hier sieht man, dass ich schon brav warten kann, wenn ich ein Pony sichte.

Zum Beispiel finde ich es wichtig, wenn wir auf die Weide gehen, meiner Menschen-Chefin zu zeigen, wo sich die Pony-Tiere befinden. Ich belle dann laut und renne zu den Huftieren. Gerne würde ich sie dazu bewegen, zu meiner Menschen-Chefin zu kommen, und deswegen drehe ich Kreise um die Pony-Tiere und belle lauter, damit sie endlich kapieren, was ich von ihnen möchte. Was aber tun die Pony-Tiere? Sie bleiben stehen, fressen das Gras (und sie können viel Gras fressen, sogar noch mehr als ich), oder sie schlagen mit ihren Pferde-Schwänzen nach den Fliegen, oder aber sie fangen plötzlich an loszurennen. Dabei schlagen sie mit den Hinterbeinen in die Luft, und manchmal quieken sie dabei, und natürlich muss ich dann eingreifen und ihnen deutlich machen, dass sie gefälligst machen sollen, was ich von ihnen verlange. Wenn ich aber hinter ihnen herrenne und laut bellend versuche, sie in eine andere Richtung zu bewegen, dann werden sie noch viel schneller und manchmal regelrecht unwillig und sturköpfig. Vor allem schlagen sie noch mehr mit ihren Hinterbeinen in die Luft. Man könnte fast meinen, sie versuchen, mich damit zu treffen. Tun sie aber nicht, weil ich schlau bin und aufpasse und ausweichen kann. Nur fängt dann meine Menschen-Chefin jedes Mal furchtbar laut an zu schreien. Sie schreit dann ganz laut meinen Namen, aber sie muss sich echt keine Sorgen machen, dass ich wegrenne. Ich jage nur mit den Pony-Tieren um die Wette.

Hier sieht man mich, wie ich zwei der Pony-Tiere auf der Weide entdeckt habe.

Gefährlich war das nur einmal, und ich weiß bis heute nicht so recht, was da schiefgelaufen ist. Das war einer der Tage, wo ich vergeblich versuchte, die buckelnden Pony-Tiere einzufangen, aber sie rannten wilder denn je durcheinander, und ich musste höllisch auf diese Hinterbeine aufpassen. Plötzlich ist es dann passiert. Rocky, das graue Pony-Tier, traf mich direkt am Kopf. Ich konnte kurze Zeit nichts mehr sehen, denn da lief rotes Wasser aus meinem Auge. Oder kam es aus einer Wunde über dem Auge? Ich konnte es meiner

Menschen-Chefin direkt ansehen, dass sie sich große Sorgen um mich machte, denn sie wurde ganz weiß im Gesicht und rief so etwas wie: *„Oh Gott"* und: *„alles voller Blut"* und: *„das Auge, das Auge!"* Mir war auch ein bisschen schwindelig im Kopf, musste mich erst einmal hinlegen, und ich war wirklich froh, dass die Menschen-Chefin bei mir war.

Schnell nahm sie mich auf den Arm, trug mich nach Hause, setzte mich in das Auto und fuhr mit mir zu einem Mann, der ein Arzt für Tiere ist. Er ist eigentlich kein Arzt für kleine, sondern eher für große Tiere. Ich habe mir anschließend überlegt, dass es gut für mich war, nicht zu wissen, dass dieser Tiere-Arzt für gewöhnlich an Kühen oder Schweinen *„arztet"*. Sonst hätte ich vielleicht deutlicher gezeigt, dass ich das, was er gemacht hat, nicht so toll fand. Aber es ging alles so schnell dort, dass ich keine Zeit hatte, darüber nachzudenken. Meine Menschen-Chefin hielt mir das Maul zu und der Tiere-Arzt sprühte etwas auf die Wunde. Dann setzte er oberhalb meines rechten Auges ein kleines Gerät an, drückte zu, und eine Klammer aus Metall schoss aus dem Kästchen und verschloss die klaffende Wunde. Das machte er noch zweimal. Ich glaube, ich habe das gar nicht bewusst gespürt, weil ich noch so benebelt im Kopf war von dem Schlag der Hinterhufe des Pony-Tiers. So richtig weh tat es erst, als wir dann zuhause ankamen. Und wenn ich jetzt darüber nachdenke, erinnere ich mich noch genau, wie sich das angefühlt hat.

Hier kann man über dem Auge die getackerte Wunde sehen (autsch).

Ich glaube, ein bisschen was habe ich daraus gelernt, denn die nächsten Wochen und Monate war ich vorsichtiger, wenn ich die Pony-Tiere jagte. Die Klammern aus der verheilten

Wunde zu pulen, tat allerdings mehr weh und erinnerte mich daran, dass ich so etwas nicht unbedingt ein zweites Mal haben musste.

Meine Menschen-Chefin macht übrigens allerhand merkwürdige Dinge mit den Pony-Tieren, und ich muss gestehen, dass ich noch lange nicht alles durchschaut und verstanden habe. Unterm Strich betrachtet denke ich, dass es sich bewegungstechnisch gesehen für mich bezahlt macht, dass es die Pony-Tiere in der Menschen-Familie gibt, und so kann ich mich auch mit diesen Vierbeinern ganz gut arrangieren.

Hier sieht man mich mit Sisco, Rocky und Manni (von links nach rechts).

Es gibt noch mehr Tiere bei meiner Menschen-Familie. Einige davon, die haben leider nur zwei Beine und ein komisches Fell, welches die Menschen *„Gefieder"* nennen. Statt zwei weiterer Beine haben sie seitlich am Körper noch so etwas wie Segel, man nennt das *„Flügel"*. Vögel haben das auch, aber die können zumindest damit in der Luft fliegen. Diese seltsamen Federtiere aber, die von den Menschen-Chefs *„Hühner"* genannt werden, tun nichts anderes, als in der Erde zu scharren und zu picken, aufgeregt zu gackern, sich aufzuplustern und das Gefieder zu schütteln, auf ihren zwei Beinen herum zu staksen und ab und zu mal was Großes, Rundes aus ihrem Hintern zutage zu befördern. Ich glaube, das nennen die Menschen *„Ei".*

Hier sieht man einige der Hühner-Tiere meiner Menschen-Familie.

Die Hühner legen die Eier, weil das eigentlich ihre Babys sein sollen, doch die Menschen-Chefs nehmen ihnen die Eier weg und essen die Hühner-Babys einfach auf. Als ich das zum ersten Mal beobachtet hatte, war ich ehrlich gesagt schockiert. Es gelang mir dann, mit einem erfahrenen Huhn über das Leben zu philosophieren, und als die Sprache auf die Sache mit den Eiern kam, reagierte die ältere Hühnerdame ziemlich gelassen und meinte, dass sie als Huhn das nicht infrage stellen würde, es sei einfach so, dass die Menschen-Chefs immer die Eier holen würden, und sie wolle auch gar nicht so ganz genau wissen, was mit den Eiern geschehe. Aus Erzählungen von Hühnern, die ebenfalls bei meiner Menschen-Familie lebten, wusste das alte Huhn, dass es nicht wenige ihrer Artgenossen deutlich schlechter erwischt hatten. Sie hier hätten einen großen, trockenen Stall, der einmal pro Woche frisch gemacht wurde, dazu einen sehr großzügig bemessenen Garten, sie bekämen morgens gutes Körnerfutter, für frisches Wasser sei ausreichend gesorgt, und hin und wieder gebe es Reste vom Menschen-Essen. Dafür könnten die Menschen im Gegenzug auch die Eier holen, um die Hühner-Kinder großzuziehen. Was sie allerdings mit so vielen Hühner-Kindern machen würden, sei ihr ein Rätsel.

Ich verriet ihr dann lieber nicht, was ich da in Sachen Eier bei meinen Menschen beobachtet hatte. Ich weiß nämlich, dass die Menschen die Hühner-Eier kaputt machen und dann essen. Sie machen allerhand Sachen damit, die sehr lecker schmecken, zum Beispiel flache Eierkuchen, die in einer Pfanne gebacken werden. Ich darf da immer den ersten Eierkuchen aus der Pfanne haben, weil der *„misslingt"* meistens, wobei ich nicht verstehe, was dieses Wort bedeutet. Wenn ich das der Hühner-Dame erzählt hätte, das hätte sie bestimmt durcheinandergebracht und verletzt, und so sollte sie weiterhin in dem Glauben leben, dass die Menschen die Eier holen, um die Hühner-Kinder großzuziehen.

Vielleicht würden die Hühner-Mamas ja gerne selbst ihre Kinder großziehen. Sie haben auch einen Hühner-Mann in ihrem Rudel. Den erkennt man sofort, weil er viel größer ist und ein ganz schillernd buntes Gefieder hat. Außerdem hat er einen roten Kamm am Kopf, und ich finde, dass sieht ein bisschen aus, als trüge er eine Krone. Ich weiß, dass nur Könige eine Krone auf dem Kopf haben, und ich kenne auch keinen König persönlich, habe nur im Spanien-Land mal ein großes Bild von einem Menschen-König gesehen. Aber wenn ich mir so anschaue, wie sich der Hühner-Mann benimmt mit seiner roten Krone, dann kann ich mir schon vorstellen, wie

Könige im Allgemeinen sind. Sie sind ein bisschen eitel und stolz, wollen sehr gerne bewundert werden, aber sie haben auch eine Riesenverantwortung. Der Hühner-König ist zwar immer der Erste, wenn es was zu fressen gibt, aber er probiert davon nur und ruft dann seine ganze Hühner-Schar, seine Untertanen quasi, damit die alle picken können. Natürlich darf so ein Hühner-König alles. Er nimmt sich, was er will. Manchmal ein Huhn nach dem anderen, echt wahr. Widerstand zwecklos. Ein bisschen tun mir seine Hühner-Frauen schon leid, aber sie scheinen das nicht so schlimm zu finden, denn sie kommen ja, wenn er aufgeregt kräht und haben es oft ganz wichtig, wenn er da so umherstolziert. Auf mich macht der Hühner-Mann ehrlich gesagt immer einen total gestressten Eindruck, denn er muss die Hühner-Damen nicht nur beglücken, sondern auch beschützen und bewachen. Tauschen will ich nicht mit ihm. Da bin ich doch lieber kein König. Außerdem kann ich mir nicht vorstellen, dass mir so ein roter Kamm auf dem Kopf stehen würde.

Was ich an den Hühnern komisch finde, ist dass sie ein bisschen kopflos zu sein scheinen, wenn ich als Hund zu ihnen in den Stall oder Auslauf komme. Sie gackern laut, rennen in alle Richtungen davon und schlagen aufgeregt mit ihren Flügeln, können aber gar nicht wirklich fliegen (ich frage mich, wozu sie die denn überhaupt haben). Dabei habe ich noch nie auch nur ein einziges Huhn gejagt. Ich bin an was ganz anderem interessiert. Das findet ihr, die ihr das jetzt lest, bestimmt ziemlich eklig, aber ich stehe total auf das, was die Menschen so angewidert „*Hühnerkacke*" nennen. Man kann das nicht beschreiben, doch der Geschmack ist einzigartig, dezent würzig und zugleich hat das Ganze eine leicht cremige Konsistenz. Ihr müsst wissen, wir Hunde sind zwar keine Kostverächter, doch dass ich grundsätzlich alles fressen würde, wie es meine Menschen-Chefs behaupten, das stimmt einfach nicht. Hühnerkacke, das ist für mich etwas ganz Besonderes, und wenn meine Menschen-Chefin den Stall der Hühner-Tiere sauber macht, darf ich meistens mit. Das ist für mich geradezu ein Festmahl. Wie meine Menschen-Chefin mich dabei allerdings anschaut, das erzähle ich lieber nicht. Ich glaube, sie wird nie verstehen, was mir dieser Snack bedeutet.

Ich denke, dass ich nun von allen Tieren berichtet habe, die es in meiner Menschen-Familie gibt. Ach nein, ich habe noch welche vergessen. Es sind genau drei an der Zahl, sie sind ganz schwarz und ich darf eigentlich nie zu ihnen gehen. Sie haben einen großen Stall in unserem Garten, hinten bei der hohen Steinmauer, wo es im Sommer schön schattig ist, nur morgens die Sonne hinkommt und wo es zugleich im Winter geschützt ist. Diese Tiere haben lange Ohren, die rechts und links vom Kopf herunterhängen oder nach oben gespitzt sind, und ihr pechrabenschwarzes Fell schimmert seidig in der Sonne.

Hier sieht man die drei Kaninchen-Tiere meiner Menschen-Familie.

Sie machen fast keine Geräusche, nur wenn sie etwas gefährlich finden, können sie ganz schrill quietschen.

Außerdem können sie mit ihren langen Hinterbeinen so laut auf den Boden trommeln, dass ich wirklich jedes Mal zusammenzucke. Sie können ziemlich gut hören, aber klar, bei solchen Ohren ist das auch keine Kunst. Ich glaube, die Menschen sagen *„Kaninchen"* zu ihnen, und in ihren Kaninchen-Auslauf darf ich nicht mit rein. Dabei bin ich mir sicher, dass das Futter, welches sie jeden Tag aus einem großen Eimer bekommen, mir auch ausgezeichnet schmecken würde.

Diese Kaninchen können ziemlich schnell laufen, und es gibt sie nicht nur im Garten meiner Menschen-Familie, sondern auch im Wald. Da sind sie aber nicht schwarz, sondern so hellbraun-grau. Sie haben eine Farbe wie trockenes Gras im trockenen Laub neben abgebrochenen, morschen Ästen – sprich, man kann sie fast nicht von ihrer Umgebung unterscheiden, und ich sage euch, die machen das extra. Die wollen gar nicht, dass man sie entdeckt. Da haben sie aber die Rechnung ohne mich gemacht. Wenn wir im Wald unterwegs sind, dann soll ich ja eigentlich immer bei den Menschen-Chefs bleiben, das weiß ich schon. Aber manchmal, manchmal gelingt es mir eben doch, so ein Wald- und Wiesen-Kaninchen aufzustöbern und dann, ich sage euch, dann solltet ihr mal sehen, wie schnell ich rennen kann.

Zugegeben, diese Kaninchen-Tiere sind immer viel schneller, da hab ich keine Chance, aber sie fordern doch meinen Ehrgeiz und kitzeln Geschwindigkeiten aus mir heraus, von denen ich nicht gedacht hätte, dass ich die zu entwickeln imstande wäre. Damit sollte ich mich aber jetzt besser nicht rühmen, denn wenn ich so einem Kaninchen-Tier hinterhergerannt bin, ist meine Menschen-Chefin jedes Mal sehr, sehr böse mit mir. Vielleicht ist das der Grund, warum sie mir nicht vertraut, was die Familien-Kaninchen betrifft. Ich würde denen aber nichts tun. Nur vielleicht ein bisschen jagen, um herauszufinden, wie schnell die im Gegensatz zu denen im Wald sind.

Ich weiß sehr wohl, welche Tiere mit zu unserer Familie gehören und welche nicht. Wenn wir beispielsweise Besuch bekommen, also die Menschen-Familie jetzt, und da ist noch ein Hund dabei und der kommt mit in meinen Garten (was ich zugegeben grundsätzlich nicht mag, denn es ist mein Garten mit meinen Duftmarken, aber wenn da eben ein anderer Hund mitkommt und die Menschen-Chefs verlangen, dass er im Garten ist, muss ich auch damit einverstanden sein), also jedenfalls, wenn da ein anderer Hund es wagt, auch nur in die Nähe dieser Langohren zu gehen, dann weiß ich sehr wohl, sie zu beschützen. Ich glaube, da sind die Menschen-Chefs dann immer ziemlich erstaunt, wenn sie das sehen. Vielleicht lassen sie mich eines Tages ja doch mal mit zu den Kaninchen-Tieren.

Die Sache mit der Hunde-Schule

Ich habe euch ja schon erzählt, dass meine Menschen-Chefin in einer Menschen-Schule arbeitet. Dort bringt sie, so dachte ich, den Menschen-Kindern Dinge bei, die wichtig für das spätere Leben sind. Lebensnotweniges also. Manchmal darf ich auch mitkommen in diese Menschen-Schule. Beim ersten Mal dachte ich, dass ich nun vielleicht auch noch etwas dazulerne. Außerdem war ich sehr gespannt, wie die Menschen-Chefin aussehen würde, wenn sie den Kleinen so lebensnotwendige Dinge wie anschleichen, ducken, Mäuse fangen, Drohgebärden ausstoßen und erkennen und allgemein die Futtersuche beibrachte. Doch ich war schwer enttäuscht. Die Menschen-Kinder mussten den ganzen Vormittag in einem Raum sein, meistens sitzend, durften nur zweimal für einige Minuten nach draußen, wo sie sich jedoch auch nur in einem von den Lehrer-Menschen festgelegten Revier aufzuhalten hatten, keinen Schritt darüber hinaus und nach strengen Regeln. Meine Menschen-Chefin redete sehr viel, und die Menschen-Kinder mussten still sein.

Hier sieht man mich, wie ich in der Menschen-Schule dabei bin.

Manchmal redeten auch die Menschen-Kinder. Sie konnten sogar ganz furchtbar laut sein, das meinten sie aber gar nicht böse, das passierte einfach so, wenn sie neugierig waren oder aufgeregt, wenn sie sich freuten oder so. Dann wollte manchmal jeder von ihnen gleichzeitig was sagen, und es ist ja klar, dass das nicht ging. Das hörte sich ein bisschen an wie in dem Spanien-Land in der Perrera, wenn alle Hunde gleichzeitig bellten.

Die Menschen-Kinder übten leider nichts von alldem, wovon ich dachte, es sei wichtig für ihr Überleben. Dagegen war es so, dass sie mit Stäben in der Hand Spuren auf weißes Papier machten, welches auf ihren Tischen lag. Meine Menschen-Chefin machte auch mit einem Stäbchen solche Spuren auf ein grünes, großes Brett, das vorne in dem Zimmer an der Wand hing. Manchmal fragte sie etwas, dann streckten Menschen-Kinder vereinzelt einen Finger in die Luft und durften dann etwas sagen. Es sah ein bisschen wie eine Dressur-Vorführung aus, bei der aber rein gar nichts Spannendes passierte.

Hier sieht man, wie ich neben dem Klassen-Eisbären Lars liege.

Lustig wurde es, wenn die Menschen-Chefin sich ein hölzernes, rundes Ding mit einem langen Hals und Metalldrähten dran umhängte und mit ihren Fingern daran zog und zupfte. Da kamen Klänge aus dem hölzernen Teil (die

Menschen sagen „*Gitarre*" dazu), und zu diesen Klängen begannen die Menschen-Chefin und die Kinder dann zusammen zu jaulen. Einmal hätte ich fast mitgemacht, aber dann war ich doch unsicher, ob das gut ankommen würde oder ob es vielleicht doch nicht angebracht war, dass Hunde und Menschen zusammen jaulen. Ich weiß inzwischen, dass die Menschen das „*singen*" nennen und das, was sie da singen, heißt wohl „*Lied*". Auf dem Papier stehen die „*Noten*" drauf und die sagen den Menschen, ob ihre Stimme hoch oder tief, traurig oder fröhlich sein muss. Da tun sie mir schon leid, die Menschen, dass sie extra noch so ein Notenpapier brauchen, um singen zu können. Wir Hunde machen das einfach so, es kommt aus dem Herzen und wir müssen nicht nachdenken, wenn wir gemeinsam losjaulen.

Die Menschen in ihrer Schule machten auch noch andere Dinge, es kam auch vor, dass sie sich zusammen zu lauter Musik bewegten. So etwas hatte ich im Spanien-Land bei den Urlaub-Menschen auch schon mal gesehen und weiß, dass sie das „*tanzen*" nennen, wenn sie so zuckende Bewegungen dazu machen.

Das einzige, was in meinen Augen annähernd überlebenswichtiges Lerngut darstellte, war, wenn die Menschen-Chefin mit ihren Menschen-Kindern, die sie

„*Schüler*" nennt, einen ganzen Vormittag lang draußen war. Da durfte ich auch mit dabei sein, und wir machten tolle Streifzüge durch die Natur rund um die Schule. Da erklärte meine Menschen-Chefin ihren „Schülern", was giftige Pflanzen waren, denn kleine Kinder stecken sich oft einfach alles in den Mund, was lecker aussieht, und es gibt wohl rote Beeren, die zwar schmackhaft aussehen, aber sehr giftig sind. So etwas finde ich, müssen Menschen-Kinder unbedingt wissen. Wie lebenswichtig das andere war, das sie in ihrer Menschen-Schule lernten, kann und will ich nicht beurteilen. Menschen sind einfach anders als Hunde. Sie setzen, wie heißt das noch gleich? Sie setzen andere Prioritäten in ihrem Leben.

Prima an der Menschen-Schule finde ich, dass mich immer alle Kinder streicheln wollen. Ich lege mich dann der Länge nach auf den Boden, strecke alle vier Beine gleichzeitig in die Luft und lasse mich von vorn bis hinten und von oben bis unten so richtig durchkraulen. Ich darf auch dabei sein, wenn sich die Menschen-Kinder mit meiner Menschen-Chefin in einen Kreis setzen und sich Dinge erzählen oder besondere Sachen betrachten. Nur einmal, da ist mir mitten beim *„Erzählkreis"*, als alle ganz leise waren, ein kleiner Pups rausgerutscht. Ich weiß, dass Menschen nicht so gut mit Hunde-Pupsen umgehen können. Auf einen Schlag und mit lautem Geschrei sprangen die Kinder hoch, rissen die Fenster auf und wollten an diesem Tag nicht mehr neben mir sitzen. Das fand ich etwas schade.

Aber als die Menschen-Chefin mir verkündete, dass wir fortan jeden Samstagvormittag in die Hunde-Schule gehen würden, da war ich natürlich mächtig gespannt. Ich konnte mir nicht wirklich etwas unter Hunde-Schule vorstellen. Bisher hatte ich nur die Menschen-Schule erlebt. Ob es da auch eine Hunde-Lehrerin und Hunde-Schüler gab? Ob wir auch alle totbrav in einem Raum sitzen mussten? Ob wir mit Stäbchen in den Pfoten Spuren auf Papier machen mussten? Wenn ja, wozu? Oder ob wir eine Pfote heben mussten, wenn wir bellen wollten? Ich machte mir wirklich sehr, sehr viele Gedanken, wie es wohl in dieser Hunde-Schule ablaufen könnte, ob ich überhaupt dafür geeignet war, ob ich das eigentlich überhaupt wollte und so weiter, und als der Samstag gekommen war, an dem wir zum ersten Mal dort hinfahren sollten, hatte ich vor lauter Aufregung keinen Appetit. Und das will was heißen.

Hier sieht man mich mit diesem Geschirr, das ich eigentlich ganz gerne trage.

Ehrlich gesagt, ich machte meiner Menschen-Chefin zuliebe bei der ganzen Sache mit. Schon als wir aus dem Auto ausgestiegen sind, lag da so eine merkwürdige Spannung in der Luft. Es waren viele andere Hunde da. Aber die benahmen sich teilweise höchst merkwürdig und gar nicht so, wie die

Hunde, die ich aus dem Spanien-Land kannte. Manche zerrten wie wild an der Leine oder hängten sich in ein Geschirr, das sie um die Brust geschnallt hatten. Übrigens hatte ich auch so ein Geschirr bekommen, das fand ich auch viel angenehmer, weil der Zug der Leine an der Brust viel besser auszuhalten ist als am Hals. Da muss man irgendwann nämlich total röcheln, wenn man zu sehr an der Leine zieht.

Manche der Hunde-Schulen-Hunde machten einen aggressiven Eindruck auf mich, andere wollten gleich zeigen, dass sie sich schon echt gut mit den Regeln in der Hunde-Schule auskannten, und wieder welche hatten total Angst und pinkelten vor lauter Aufregung ständig auf die Straße und die Wiese, wo sie eben gerade standen. Also, zum Thema pinkeln kann ich nur sagen: Strengstens verboten ist das in einer Hunde-Schule. Ich habe das dann auch versucht, nur ganz heimlich zu machen, wenn irgendwo eine Duftmarke gesetzt war, die mir zu aufdringlich erschien. Es ging dann auch schon direkt los. Ein Zimmer wie in der Menschen-Schule gab es nicht. Tische und sowas auch nicht. Wozu denn auch, Tische für Hunde. Ich musste ein bisschen über mich selbst schmunzeln, dass ich ernsthaft gedacht hatte, es könnte ähnlich ablaufen wie bei den Menschen.

Hier sieht man, wie ich in der Hunde-Schule mit vielen anderen Hunden übe.

Nein, in der Hunde-Schule gab es eine große Hunde-Wiese. Zuerst stellten sich alle Menschen-Chefs mit ihren Hunden in einem großen Kreis auf und erzählten den anderen, wie ihre Hunde hießen, wie alt sie waren und warum sie in die Hunde-Schule gekommen waren. Da wurde ich bei manchen doch hellhörig. Offenbar mussten manche in die Hunde-Schule, weil sie ein Problem-Hund waren. Ich schaute meine Menschen-Chefin fragend an und überlegte, ob ich wohl auch ein Problem-Hund war. Da schossen mir in blitzartiger Geschwindigkeit unzählige Situationen der letzten Wochen und Monate durch den Kopf, in denen ich vielleicht Dinge gemacht hatte, die für die Menschen-Chefin nicht in Ordnung gewesen sein könnten, wo sie mich sehr deutlich mehrmals rufen musste oder wo ich vielleicht doch die Katzen oder Ponys gejagt hatte. So richtig wohl war mir nicht in meiner Haut. Mir wurde aber dann irgendwann klar, dass es mit meiner Vergangenheit im Spanien-Land zu tun hatte und dass meine Menschen-Chefin vor mir noch keinen Hund in der Familie gehabt hatte. Sie wollte, das erklärte sie auch in diesem Vorstellungs-Kreis, nichts falsch machen. Da hätte ich sie auch beruhigen können; ich fand, dass sie alles ganz wunderbar machte.

Na gut, jetzt waren wir eben in der Hunde-Schule, also wollte ich mich auch anstrengen. Wie gesagt, vielleicht konnte ich ja was dazulernen. Aber es stellte sich schnell heraus, dass das nicht so wirklich spannend für mich war. Als Hund in einer Hunde-Schule sollte man am besten den Blick möglichst nicht vom Menschen-Chef abwenden. Ich weiß, dass viele Menschen-Chefs ständig Leckereien in der Hand hielten, damit der Hund ohne Unterbrechung nur immer auf ihren

Menschen-Chef schaute, so als wollten sie ihn anbeten. Eigentlich fand ich, dass das ein ganz mieser Trick war.

Ich hätte mich gerne noch mehr umgeschaut dort in der Hunde-Schule. Aber da blieb keine Zeit dazu. Ständig musste man irgendwo vorbeigehen, ohne zu bellen oder auf Pöbeleien anderer Hunde zu reagieren. Man musste eigentlich lernen, das zu „*ignorieren*". Man übte, in die Stadt zu gehen, an Schaufenstern vorbei, mit seinem Menschen-Chef eine Treppe hinauf oder hinunter zu steigen. Ich verstehe bis heute nicht, warum ich das üben sollte. Das konnte ich nun wirklich schon seit ich ein kleiner Hunde-Welpe war. Manchmal durfte man in der Hunde-Schule auch spielen. Da wurden dann die Leinen abgemacht, und alle Hunde waren für kurze Zeit frei. Naja, fast frei, denn pinkeln durfte man immer noch nicht. Eigentlich spiele ich gerne mit anderen Hunden. Aber da in der Hunde-Schule gab es echt ein paar Rüpel, die überhaupt nicht zuhörten, wenn man deutlich sagte, was man wollte oder nicht wollte. Die kamen mir vor, als hätten sie in ihrer Kindheit nicht richtig sprechen gelernt. Oder es gab Hunde, die der Meinung waren, sie könnten über die anderen bestimmen, also welcher Hund sich mit wem unterhalten durfte oder wen man zum Fangespiel auswählte. Mit solchen Hunden legte ich mich nicht an. In solchen Fällen legte ich mich an den Rand der Hunde-Schulen-Wiese und beobachtete das wilde Treiben aus sicherer Entfernung.

Darum war ich meistens froh, wenn diese freie Spielzeit beendet wurde und wir wieder echte Aufgaben bekamen. Manchmal durfte man auch einen Hindernis-Parcours mit seinem Menschen-Chef machen, das fand ich lustig. Über Stangen zu springen oder durch lange, bunte Röhren zu kriechen machte Spaß. Das Menschen-Mädchen aus meiner Familie war auch oft mit dabei in der Hunde-Schule, und ich spürte, dass sie sehr stolz auf mich war, wenn ich etwas richtig gemacht hatte.

Jedenfalls, nachdem nicht wirklich was Neues dazu kam und ich deutlich zeigte, dass mir das Spielen mit den Rüpeln nicht gefiel, beschloss meine Menschen-Chefin eines Tages, dass ich nicht mehr in die Hunde-Schule zu gehen brauchte. Da war ich irgendwie erleichtert, denn in der Zeit, die wir sonst für die Autofahrt und so weiter gebraucht hatten, konnten wir nun prima mit den Ponys los. Das gefiel mir deutlich besser. Ihr sollt jetzt aber nicht denken, dass ich nicht mit anderen Hunden auskomme. Das kann ich nicht so stehen lassen. Es gibt einige Hundefreunde, die ich hier an meinem neuen Ort gefunden habe. Mit denen spiele ich für mein Leben gern Fange oder schnelles Kreise-Umeinanderdrehen.

Hier kann man mich mit meiner Freundin Sury sehen.

Sury ist natürlich nicht so schnell wie ich, aber für ihre kurzen Beine trotzdem echt flink.

Hier sieht man, wie mich Sury zum Spielen auffordert.

Hier sieht man Sury und mich fast gar nicht im hohen Gras und den schönen Blumen, gell?

Auf alle Fälle war das Kapitel Hunde-Schule damit abgeschlossen, und ich bin nicht böse darüber. Aber ein bisschen Schule hatte ich weiterhin.

Meine Menschen-Chefin ist ja Lehrerin, das habe ich euch schon erzählt. Und Lehrer-Menschen wollen immer jemandem was beibringen. Oder aber sie sagen zu allem ihre Meinung und wollen Dinge verbessern. Manchmal machen sie das auch, obwohl sie gar nicht gefragt werden. Ich kann das spüren, wenn andere Menschen manchmal innerlich die Augen verdrehen, dann würde ich das meiner Menschen-Chefin gerne sagen, aber ich kann leider die Menschen-Sprache nicht. Naja, und eben weil sie ein Lehrer-Mensch ist, ist klar, dass sie auch mir als ihrem Familien-Hund einiges beibringen wollte. Oder will. Eigentlich versucht sie es ja die ganze Zeit. Ich weiß aber nicht, ob ich eine so gute Hunde-Schülerin bin, wie sie es von ihren Menschen-Schülern gewohnt ist. Menschen wollen von ihren Hunden so allerhand, was für uns Hunde gar nicht unbedingt nachvollziehbar ist. Das meiste mache ich ihr zuliebe, ohne einen wirklichen Sinn dahinter zu erkennen. Zum Beispiel möchte sie, dass ich mich auf ihr Zeichen setze. Da ruft sie: „*Sitz*!" Manchmal macht sie noch ein paar Ausrufezeichen dahinter. Außerdem hebt sie einen Finger, die Menschen sagen „*Zeigefinger*" dazu, in die

Luft. Das mit dem Hinsetzen klappt meistens ganz gut. Ich mache das, weil es oft eine kleine Belohnung dafür gibt. Manchmal möchte sie auch, dass ich mich hinlege. Da ruft sie: *„Platz*!". Aber ehrlich gesagt kann ich nicht so ganz verstehen, wozu das gut sein soll, dass sich ein Hund auf den Boden legt. Das mache ich dann einfach nicht.

Oft möchte die Menschen-Chefin, dass ich herkomme. Da ruft sie dann: *„Hier*!" Herkommen soll möglichst sofort sein, egal wie doll ich gerade am Schnüffeln bin und egal, wie weit ich weg bin. *„Sofort"* ist für Menschen und Hunde verschieden definiert. Ich würde prinzipiell schon auf das Kommando *„hier"* zu ihr kommen, aber eben erst nachdem ich das, was ich begonnen habe, zu Ende gemacht habe.

Hier sieht man, wie schön ich „Sitz" machen kann…wenn ich will.

Das können nämlich ganz unterschiedliche Dinge sein, die für einen Hund in dem Augenblick, in dem er gerufen wird, gerade viel wichtiger sind. Und das ist dann wirklich wichtiger.

Hier sieht man an der leicht gehobenen linken Vorderpfote, dass ich etwas sehr Spannendes entdeckt habe und unmöglich sofort kommen kann.

Entweder wir verfolgen gerade eine spannende Spur. Oder wir entschlüsseln die Pinkel-Botschaft eines anderen Hundes. Das ist, wie wenn die Menschen „*lesen*", da müssen sie sich ja schließlich auch höllisch konzentrieren. Ich weiß das, weil ich gesehen habe, dass meine Menschen-Chefs beim „Lesen" oft die Stirn so runzeln, und sie können dabei auch nicht reden. Es kann auch sein, ich bin gerade am Graben in einem Mäuseloch, weil sich das dumme Maus-Tier schnell in das Loch verkrümelt hat, als ich zum entscheidenden Sprung angesetzt hatte. Klar, dass man da mit den Pfoten ein bisschen nachhelfen muss und anfängt zu graben. Und immer dann, kurz bevor ich am Ziel bin, also im Haupt-Gebäude der Mäuse-Wohnanlage sozusagen, ruft die Menschen-Chefin ihr „Hier!".

Hier sieht man, wie ich gerade ganz dicht an einer Maus bin.

Das ist echt lästig. Irgendwie habe ich das Gefühl, dass die Menschen manchmal auch nicht so richtig wissen, was sie eigentlich wollen. Oder was ich eigentlich dürfen darf. Oft darf ich nämlich beim Spaziergang oder Ausritt vorauslaufen, da kommt es mir vor, als hätte sie mich ganz vergessen. Natürlich drehe ich mich immer wieder um und vergewissere mich, ob sie auch noch alle da sind, vor allem wenn der Menschen-Weg plötzlich eine Kurve macht oder es neue Richtungen gibt.

Hier sieht man, wie brav ich neben dem Sisco-Pony hergehen kann.

Aber dann, gerade wenn ich eine superwichtige Witterung aufgenommen habe, ruft sie mich zurück und dann muss ich die ganze Zeit ganz dicht bei ihr oder dem Pferd laufen. Also was denn nun?

Hier sieht man auch, dass ich was total Wichtiges im Visier habe.

Das gleiche Ja-Nein-Vielleicht ist im Wohn-Zimmer der Menschen-Chefs. Auf das gesamte Sofa darf ich eigentlich nicht, das ist verboten, aber auf der einen Stelle, an der immer ein Tuch liegt, darf ich liegen. Warum aber nur dort? Ins Bett zu den Menschen-Chefs darf ich eigentlich auf keinen Fall, da werde ich sofort weggeschickt, aber manchmal morgens, wenn sie nicht rechtzeitig wach sind oder nicht gleich aufstehen wollen, dann kann es sein, dass sie das vergessen haben mit der Verbots-Regel. Dann darf ich sie vorsichtig wecken. Naja, richtig erlaubt haben sie es mir nicht, ich mache das dann einfach. Sie sind da immer noch sehr müde, so sehen sie jedenfalls aus. Vielleicht merken sie es deshalb auch nicht, wenn ich mich da so ganz vorsichtig ans Fußende an den Rand des Bettes lege.

Hier sieht man, wie ich mich im Urlaub in's Menschen-Bett gemogelt habe.

Mal darf man was, mal darf man's nicht. Also ehrlich gesagt, logisch ist das nicht immer. Ich verstehe nicht alles, aber ich versuche meistens, mein Bestes zu geben. Und wenn es mal nicht so gut klappt mit dem Besten, ich meine, ich bin schon sensibel genug, um zu spüren, wenn meine Menschen-Chefs nicht ganz einverstanden sind mit den Erziehungsergebnissen, dann tut es mir leid und ich versuche, das zu zeigen.

Vor allem die Menschen-Chefin kann kurzzeitig ganz furchtbar sauer werden. Anfangs habe ich manchmal gedacht, dass sie mich vielleicht gar nicht mehr liebhat, und das war ein schrecklicher Gedanke. Dann merkte ich aber, dass ihr Ärger meist ziemlich schnell auch wieder verflog, denn sie ist einer der Menschen, die ihrem Ärger schnell mal Luft machen, und danach ist alles wieder gut. Nachdem ich das herausgefunden hatte, überlegte ich mir einen ziemlich guten Trick. Der ist fast noch besser als der Lächel-Trick. Ich kann nämlich supergut reumütiges Hunde-Kind sein. Das geht so: Ich ducke mich, klemme den Schwanz zwischen die Beine und zwar so weit, dass er fast schon wieder bei meiner Nasenspitze vorne herausschaut und verdrehe die Augen ein bisschen, so dass man schon unten das Weiße sehen kann. Ich lasse natürlich auch meine Ohren hängen, so dass es ganz betroffen aussieht und traurig. Bis jetzt hat es meistens funktioniert, und meine Menschen-Chefin ist zum Glück nie lange böse mit mir gewesen.

Hier sieht man, wie ich reumütig bin.

Der Unterschied zwischen Hund und Mensch

Seit ich den Menschen zum ersten Mal begegnet bin, mache ich mir Gedanken über die Unterschiede zwischen Hund und Mensch. Und da gibt es echt viele.

Es fängt zum Beispiel schon mit den Duftmarken an. Wir Hunde setzen gerne Duftmarken. Das geht so, dass wir überall, wo wir sind, gerne unser Bein heben und hinpinkeln. Das muss nicht viel sein, es reichen auch ein paar Tröpfchen, aber es genügt schon, um anderen Hunden ein Zeichen zu hinterlassen. Wir Hunde finden es unglaublich spannend, diese Zeichen zu lesen, indem wir daran schnüffeln. Die Duftmarke verrät uns sehr viel, also beispielsweise ob es Männlein oder Weiblein, jung oder alt, dominant oder unterwürfig war. Menschen machen so etwas nicht. Deswegen verstehen sie auch nicht, weshalb wir vor allem in einer neuen Gegend so oft stehenbleiben müssen. Das ist aber für uns so spannend, wie wenn Menschen stundenlang in große, mit Spuren bedruckte Papierbögen starren, die sie *„Zeitung"* nennen. Die Menschen-Männchen pinkeln auch oft an verschiedene Stellen hin, ich habe das ja schon erwähnt, dass sie dabei aber nicht das Bein heben. Vielleicht würden sie sonst umkippen. Da tun sie mir ganz schön leid, die

Menschen, dass sie eben nur zwei Beine haben und nicht vier. Sie können auch überhaupt nicht schnell laufen und auch nicht halb so gut Haken schlagen, wie wir Hunde das beispielsweise können. Menschen-Männchen markieren also vielleicht ihr Revier, aber sie schnüffeln nicht an den Stellen, an denen andere Männchen hingepinkelt haben. Das verstehe ich nicht, denn da macht ja das ganze Hinpinkeln wenig Sinn. Diese Duftspuren können so irre spannend sein, das könnt ihr euch gar nicht vorstellen, und ich werde nicht aufhören zu versuchen, das meinem Menschen-Chef beizubringen.

Da wären wir schon beim nächsten Punkt, der Menschen und Hunde grundlegend unterscheidet. Auch hier können sie mir eigentlich nur leidtun, die Menschen. Ihre Nase, beziehungsweise der Geruchsinn, ist absolut nicht ausgeprägt, sonst würden sie das mit dem Schnüffeln ja vielleicht machen. Menschen-Weibchen riechen oft überhaupt nicht mehr nach Mensch. Das ist anstrengend für unsere Hunde-Nasen. Die Menschen-Weibchen und manchmal auch die Männchen sprühen immer so farbiges Wasser aus kleinen Fläschchen auf ihren Hals oder ihre Arme. Da erkennt man sie fast nicht wieder. Meine feine Hunde-Nase mag das gar nicht gern. Wenn aber ich mal so richtig prima dufte, also wenn ich was echt Tolles gefunden habe, in dem ich mich so doll gewälzt habe, dass es möglichst überall an meinem Körper haften bleibt, also zum Beispiel auch unter dem Halsband oder in den Ohren, dann ist die Menschen-Chefin überhaupt nicht begeistert. Im Gegenteil, da wird sie eigentlich immer furchtbar böse. Sie schreit dann immer: *„Pfui"* oder *„Igitt!"* und: *„Senta, du stinkst!"* Ich kannte das Wort *„stinken"* nicht, bis ich zum ersten Mal nach einem ausgiebigen Wälzbad in wunderbarer Wildschweinkacke in die Badewanne musste. Oh, wie ich das hasse. Da werde ich gewaschen, mit einem furchtbaren, absolut nicht nach Hund riechenden, schäumenden Mittel eingerieben und bin danach klatschnass. Natürlich mag ich nicht nass sein, also schüttle ich mich. Wir Hunde können das ziemlich gut, das Wasser spritzt dann prima nach allen Seiten weg, und wir sind danach schon viel trockener. Aber das finden die Menschen-Chefs auch wieder nicht toll, weil dann das Wasser auf ihrem Badezimmer-Boden oder an den Wänden ist. Ich denke mir dann, hätten sie mich nicht nass gemacht oder hätten sie einfach meinen tollen Superduft akzeptiert. Aber das ist eben ein großer Unterschied zwischen Hund und Mensch.

Ein anderer Unterschied ist natürlich auch, dass wir Hunde gerne Dinge essen, die Menschen nicht mehr essen wollen. Zum Beispiel mache ich es so, wenn ich einen frischen

Knochen bekomme mit noch ein bisschen Fleisch dran, dann muss ich den zuerst mal vergraben. Der Knochen braucht eine gewisse Reifezeit, ehe er so richtig gut schmeckt. Das können die Menschen nicht wirklich verstehen. Manchmal vergrabe ich den Knochen beispielsweise im Anhänger, wo der Mist aus dem Pferde-oder Schafstall lagert. Wenn ich da aber nicht schnell genug bin und aufpasse, dann wird der Anhänger einfach ausgeleert, mitsamt meinem Knochen. Es kann auch sein, dass die Menschen-Chefin beim Ausmisten vom Pferdestall einen meiner Knochen findet und dann wegwirft. Ja, richtig gelesen, sie wirft den Knochen einfach weg. Weil er für sie „*eklig*" aussieht. Ich habe inzwischen gelernt, dass alles, was die Menschen eklig finden, für uns Hunde eigentlich prima ist. Wenn ich mir das so übersetze, komme ich ganz gut klar mit den Menschenworten und ihren Angewohnheiten.

Ich verstecke die Knochen inzwischen natürlich besser und vor allem, ich wechsle die Plätze, an denen ich sie vergrabe, in regelmäßigen Abständen. Dabei passe ich gut auf, dass mich niemand von meiner Menschen-Familie beobachtet, nicht dass anschließend der Knochen wieder fehlt. Beim Spazierengehen im Wald finde ich auch manchmal Knochen. Die nehme ich dann immer nur ein Stück vom Weg mit und vergrabe sie jeden Tag ein paar Hundert Meter weiter

Richtung Menschen-Haus. Ja, da habe ich schon ein paar feine Tricks, da kommen die Menschen-Chefs nicht so schnell dahinter.

Einmal, okay, das war echt nicht so schön, da hab ich mir ziemlich den Magen verdorben mit etwas, das ich bei den Nachbarn im Komposthaufen ausgegraben und verspeist habe. Ich weiß nicht mehr genau, was es war, aber ich habe schon beim Fressen gedacht, dass es vielleicht ein Fehler gewesen sein könnte. Jedenfalls, mir war noch nie in meinem ganzen Hunde-Leben so schrecklich schlecht.

Das Ganze passierte ausgerechnet an einem Abend im Sommer, als meine Menschen-Chefin mit anderen Lehrer-Menschen zusammen beim Essen war. Da ging die Kotzerei los. Ich würgte und würgte und es kam immer mehr und mehr, zum Schluss nur noch grünes, bitteres Zeug. Mir war so elend und schwummerig, im Bauch stach und piekste es übelst, und ich konnte mich gar nicht mehr auf den Beinen halten und zitterte nur noch. Da dachte ich, mein letztes Stündlein hätte geschlagen. Als die Menschen-Chefin früher als geplant von ihrem Essen nach Hause kam, sah ich es ihr direkt an, dass auch sie das gleiche dachte. Zuvor hatte schon der Menschen-Chef immer wieder mit dem *„Händi"* an seinem

Ohr geredet und ich hatte was von *„vergiftet"* und *„Klinik"* gehört.

Als meine Menschen-Chefin dann da war und mich in die Arme nahm und auf den Schoß, obwohl ich ja zu groß dafür bin, da wusste ich, es würde irgendwie alles gut werden. Und obwohl es schon nachts war, wo Menschen eigentlich schlafen, packten sie mich in ihr Auto, und wir fuhren eine ganz schön lange Strecke durch die Nacht. Es regnete ganz doll, weswegen die Menschen auch nicht so schnell fahren konnten, und immer wieder hörte ich aus weiter Ferne die Menschen-Chefin meinen Namen sagen. Sie klang echt besorgt, aber ich hatte überhaupt keine Kraft mehr, ihr irgendwie zu antworten. Als wir in der Klinik ankamen, waren da wirklich sehr nette Menschen in weißen Kitteln, und ich weiß nicht mehr genau, was sie alles mit mir machten. Immer wieder haben sie mir die Augen aufgerissen und mit einer Lampe reingeleuchtet, dann wurde an meiner Vorderpfote ein bisschen Fell abrasiert und es gab einen Pieks, und plötzlich sickerte eine Flüssigkeit in mich rein. Schlagartig begann es, mir besser zu gehen. Die Schmerzen ließen nach und das ganz schlimm Schwummerige auch. Die Menschen-Chefs blieben noch sehr lange mit mir in dieser Klinik, bis die Flüssigkeit ganz in mir drin war.

Hier kann man sehen, wie ich in der Tier-Klinik war.

Leider musste ich noch über Nacht dortbleiben. Die Menschen-Chefs hatten zum Glück mein Fell mitgebracht, auf dem ich immer schlafe, das war ein kleiner Trost. Ich war ein bisschen unsicher, warum ich nicht mit ihnen nach Hause durfte, denn mir ging es wirklich schon wieder viel besser. Ein bisschen hatte ich auch Angst, sie würden mich vielleicht zur Strafe dort vergessen, weil ich ja wieder was getan hatte, was ich eigentlich nicht tun sollte, nämlich in Kompost- oder Misthaufen nach Essbarem zu suchen.

Zum Glück aber holten sie mich am nächsten Tag wieder ab. Und bis es soweit war, vertrieb ich mir die Zeit mit den Menschen-Damen, die in der Klinik arbeiteten. Ich zeigte ihnen all meine Tricks, zum Beispiel dass ich auch gelernt hatte, wie man *„Pfote gibt"*, (ich kann sogar *„Doppelpfote"*) und ich ließ mich ein bisschen von ihnen kraulen.

Ob ich was daraus gelernt habe? Nunja, also ich habe zumindest aus *diesem* Komposthaufen bis heute nichts mehr gefressen.

Was auch komplett anders ist zwischen Hund und Mensch ist, wie lange man zum Fressen braucht. Also ich kann das ziemlich schnell. Eigentlich superschnell, will ich mal behaupten. Aber die Menschen machen da immer so ein langes Prozedere draus, das ist manchmal fast nicht zum Aushalten. Sie stellen *„Teller"* und *„Gläser"* auf den Tisch, rühren ewig lange in glänzenden *„Töpfen"* herum, nehmen sich dann mit einem großen *„Löffel"* ein wenig aus dem Topf auf den Teller, dann haben sie so silberne Teile in den Händen, die sie *„Messer"*, *„Gabel"* oder eben Löffel nennen und mit denen sie dann winzig kleine Stücke von ihrem Futter aufspießen und sich in ihr Menschen-Maul stecken. Ich wäre längst fertig, ohne solches Klimbim dazu. Einmal mit der Zunge durchgeschleckt, und leer wäre der Hafen. Das wäre auch für die Menschen viel praktischer, denn dann bräuchten sie sich nicht so viel Arbeit zu machen mit dem *„Abwasch"* und keine Maschine, die für sie diesen Abwasch erledigt.

Menschen tun mir natürlich auch deswegen leid, weil sie kaum Fell haben. Eigentlich so richtig nur noch am Kopf oben, manche Menschen-Männchen nichtmal da. Dafür haben sie oft Fell im Gesicht, so um den Mund herum, das sieht dann aber wiederum merkwürdig aus. Manche Menschen haben lange Haare auf dem Kopf, manche ganz kurze, und ich finde, sie machen da teilweise ganz schön Aufhebens darum. Ich meine, ich bin auch stolz auf mein Fell, denn ich finde, ich habe eine hübsche Zeichnung. Aber bei uns Hunden wird das mit der Fellfarbe oder Felllänge nicht so hoch bewertet, wie ganz offensichtlich bei den Menschen. Unpraktisch finde ich, dass die Menschen im Winter kein Winterfell kriegen, sondern dass sie sich immer *„Kleidung"* anziehen müssen. Im Sommer ist es wiederum gut, dass sie von Natur aus nackt sind, da müssen sie nicht so schwitzen. Wir Hunde haben bei Wärme eine ganz prima Klimaanlage sozusagen von Natur aus eingebaut; wir hecheln die Hitze nach draußen und kühlen so unser Blut ab. Außerdem halte ich mich bei Hitze lieber im Schatten auf oder kühle mich im Wasser ab.

Ich finde auch, dass Menschen zu wenig schlafen. Irgendwie sind sie dauernd am Arbeiten. Die legen sich nur nachts zum Schlafen hin, und dazu brauchen sie dann ein hölzernes Brett mit weichen Decken, das sie *„Bett"* nennen. Wir Hunde können überall schlafen, und wir tun das nicht nur nachts. Wir schlafen einfach, wenn wir müde werden. Wahrscheinlich können wir deswegen auch schneller rennen, weil wir ausgeruhter sind. Und weil wir vier Beine haben.

Ich meine, es ist ja nicht so, dass Menschen nicht rennen können. Aber sie halten irgendwie nicht lange durch. Meine Menschen-Chefin rennt auch manchmal. Da darf ich dann mit, da geht es über Wiesen, Feldwege, durch den Wald. Super schön. Aber so wirklich schnell ist das leider nicht. Ich würde ihr das nie sagen, aber für uns Hunde sieht das *„Joggen"*, wie die Menschen dazu wohl sagen, eher lächerlich aus.

Die Menschen haben aber was erfunden, das mich wirklich schwer beeindruckt. Und zwar haben sie, weil sie ja nur zwei Beine haben, manchmal noch so ein Gestell mit zwei Scheiben und einem Sitz. Sie setzen sich da zwischen diese Scheiben, ich glaube sie sagen *„Räder"* dazu und strampeln ganz doll mit den Beinen, und ich kann euch sagen, die werden auch echt richtig schnell damit. Wenn meine Menschen-Chefs mit diesen *„Fahrrädern"* unterwegs sind, muss ich mich mächtig ins Zeug legen, damit ich Schritt halten kann. Natürlich würde ich niemals zugeben, dass das Tempo fast zu hoch für mich ist auf Dauer, aber es ist leider so. Nun haben meine Menschen-Chefs und auch der Menschen-

Junge das „*Fahrradfahren*" für sich entdeckt. Weil sie aber, das finde ich grundsätzlich ja echt nett von ihnen, mich gerne dabeihaben wollen, kauften sie etwas, von dem ich gar nicht begeistert bin.

Hier sieht man mich neben dem Hunde-Anhänger sitzen. Ich ahne schon, dass ich da gleich rein muss.

Es ist ein Anhänger, den die Menschen-Chefs an ihrem Fahrrad befestigen können. In diesem Anhänger soll ich mitfahren. Das Ganze erinnert mich stark an das Kisten-Auto, mit dem ich aus dem Spanien-Land gekommen bin. Ehrlich, ich mag da nicht drinsitzen. Es nützt auch nichts, dass ich immer, wenn ich brav einsteige, was Leckeres zu fressen bekomme. Sobald sich das Ding in Bewegung setzt, will ich eigentlich nur noch raus. Darf ich aber nicht, egal wie ich fiepse, belle oder jaule. Zwischendurch, wenn keine Straßen sind, auf denen Autos fahren oder viele andere Rad-Menschen sind, darf ich aus dem Hänger raus und mitlaufen. Da zeige ich den Menschen-Chefs dann immer, wie schnell ich laufen kann und dass ich diesen dummen Anhänger bestimmt nicht brauche, aber es nützt nichts. Ich muss da immer wieder rein und muss das aushalten. Ob ich mich daran eines Tages gewöhnen werde? Ich glaube nein.

Das einzig Tolle an den „*Radtouren*" ist, dass man mal woanders hinkommt, wo man neue Spuren und Nachrichten erschnüffeln kann. Und natürlich, wo man seine Duftmarke hinterlassen kann.

Menschen machen oft am Abend etwas, das ich mir bis heute nicht so richtig erklären kann. Ich glaube, es gibt auch Menschen, die das noch viel häufiger tun, als meine Menschen-Familie. Also, es gibt da so bestimmte „*Tage*", da setzen sich meine Menschen-Chefs auf ihr Sofa, nehmen ein Kästchen in die Hand, mit dem sie einem großen Bilderrahmen Befehle erteilen können. In dem großen Bilderrahmen bewegt sich dann etwas. Es flimmert, flackert, es macht Geräusche, mal „*Musik*", mal sind laute oder leise Stimmen zu hören, manchmal höre ich sogar Hundegebell.

Aber wenn ich versuche, hinter den Bilderrahmen zu gehen, um herauszufinden, wo der Hund denn nun ist, dann sehe ich nichts als den Rahmen von hinten. Die Menschen nehmen sich sehr viel Zeit für diese bewegten Bilder und sprechen nicht mehr miteinander, wenn sie davorsitzen, sondern schauen nur zu diesen bewegten Bildern. Ich glaube, sie sagen *„Fernsehen"* dazu. Der Menschen-Junge macht das manchmal schon am Nachmittag, aber ich glaube, das darf er nicht. Und die Menschen-Chefin muss sich manchmal ein Kissen vor die Augen halten, wenn sie in diese Bilder schaut, ich habe fast den Eindruck, als fürchtet sie sich. Ein bisschen dumm ist das mit dem Kissen, denn dann sieht sie ja von den Bildern nichts mehr.

Meine Menschen-Familie wohnt in der Nähe eines kleinen Flusses. Ich kenne das Wort *„Fluss"*, weil es das im Spanien-Land auch gab, nur war er da größer, breiter und schmutziger. Der Fluss, den wir hier haben, heißt *„Jagst"*, die Dorf-Menschen sprechen es aber eher „Jogschd" aus, das ist, weil sie einen Menschen-Dialekt sprechen. Dieser Jagst-Fluss ist sehr sauber und schön und man kann sich darin prima erfrischen. Anfangs hatte ich echt Angst vor dem Wasser, das gebe ich zu. Als ich aber gesehen habe, dass meine Menschen-Chefs da einfach reingehen und im Wasser herumzappeln, überwand ich eines heißen Sommertages meine Scheu und watete immer tiefer hinein, bis ich einfach anfing zu schwimmen. Es ging super gut.

Hier sieht man, wie ich an dem Jagst-Fluss-Ufer liege.

Das ist glaube ich ein weiterer großer Unterschied zwischen Hunden und Menschen, dass wir Hunde von Natur aus schwimmen können. Menschen-Kinder hingegen müssen in Schwimm-Schulen gehen oder müssen Schwimm-Gürtel tragen oder Schwimm-Westen oder Schwimm-Flügel, wobei ich bei Letzterem nicht weiß, warum das so heißt, denn schwimmen und fliegen gleichzeitig geht ja nicht. Aber wenn ich weiter überlege, dann haben Enten-Tiere ja auch Flügel und können sowohl fliegen, als auch schwimmen. Vielleicht haben sich die Menschen das von den Enten-Tieren abgeguckt. Jedenfalls, wir Hunde brauchen das nicht. Wir gehen einfach ins Wasser und können schwimmen. In dem Jagst-Fluss muss man aber höllisch aufpassen, dass man an der richtigen Stelle hineingeht. Einmal, als ich noch etwas unerfahren mit dem Jagst-Wasser war, da habe ich eine sehr starke Strömung erwischt, und da nützte es mir plötzlich gar nichts mehr, dass ich eine naturbegabte Schwimm-Hündin war, denn diese Strömung trieb mich einfach ein paar Hundert Meter weiter, und ich hatte schon etwas Sorge, dass ich gar nicht mehr ans Ufer kommen würde.

Hier sieht man, wie ich fast in dem Jagst-Fluss schwimme.

Hier sieht man, wie ich aus dem Spelt-Bach klettere.

Hier sieht man, wie ich herrlich erfrischt aus dem Jagst-Fluss komme und mich gleich direkt vor den Menschen-Chefs schütteln werde.

Was Hunde und Menschen auch grundlegend unterscheidet, ist natürlich die Sprache. Menschen haben unglaublich viele Worte. Sie können die Worte sprechen und hören, aber auch **„schreiben"** (das ist, wenn sie Spuren auf das Papier machen) und **„lesen"**. Trotzdem habe ich das Gefühl, dass sie sich ganz oft nicht richtig verstehen. Bei uns Hunden ist das irgendwie einfacher. Es ist aber vor allem auch direkter. Und es ist ehrlicher. Ich spüre das, wenn Menschen sich eigentlich nicht mögen, aber beim Miteinander-Sprechen freundliche Signale senden. Die sind nicht echt. Die sind gefälscht. Ja, ich weiß, das klingt jetzt hart, aber Menschen haben vielleicht auch zu viele Worte, und deswegen sind sie manchmal in ihrer Sprache falsch. Menschen können offenbar nicht erkennen, wenn jemand freundlich tut, aber es gar nicht freundlich meint. Da können sie in ganz schön schwierige Situationen geraten. Ich glaube, es gibt nur wenige Menschen, die immer das sagen, was sie denken, und damit kommen sie nicht überall an.

Womit wir beim nächsten Thema wären: Menschen denken sehr viel. Meine Meinung ist, sie denken sogar **zu viel**. Sie denken, was passieren könnte, sie denken, was jemand denken könnte, sie denken, was hätte sein können, sie denken, was sie versäumt haben, sie denken, was gefährlich sein könnte. Das merke ich ihnen an, denn wenn die Menschen denken, dann sind sie zögerlich. Wir Hunde denken nicht viel. Das müssen wir nicht. Wir haben etwas in uns, eine innere Stimme, die uns einfach sagt, wo es langgeht. Ich glaube, ich habe mal gehört, dass die Menschen das *„Instinkt"* nennen. Diesen Instinkt haben die meisten Menschen verloren. Sie suchen Halt in ihren *„Büchern"* und

„*Ratgebern*", sie verlassen sich auf das, was andere Menschen ihnen sagen. Ich weiß selbst was richtig oder falsch, was toll oder blöd ist.

Menschen verlassen sich auch extrem auf diese „*Händis*" oder „*Smartfouns*", die sie ständig in den Händen halten oder am Ohr haben. In den letzten Jahren ist das mit diesen Smartfouns immer mehr geworden. Es scheint mir, sie können gar nicht mehr ohne diese Dinger sein. Mir fällt auf, dass die Menschen sich oft gar nicht mehr richtig anschauen, wenn sie zusammenkommen. Da hat jeder so ein Smartfoun und tippt mit dem Finger darauf herum. Manchmal zeigen sie sich auch gegenseitig ihre Dinger und starren hinein. Ich habe noch nie in so ein Smartfoun geschaut, denn die Menschen halten es so dicht an ihr Gesicht, dass ich gar nicht wirklich mit draufschauen könnte. Also weiß ich nicht, was da so absolut besonders und einmalig ist. Aber eins weiß ich: Dass die Menschen, seit sie diese Smartfouns haben, noch weniger gut miteinander sprechen können.

Urlaub

Schon im Spanien-Land waren es die Urlaub-Menschen, die sich dadurch grundlegend von den restlichen Spanien-Menschen unterschieden, dass sie irgendwie freier wirkten. So ganz genau weiß ich bis heute nicht, was Urlaub ist. Aber es muss was Schönes sein, denn ich habe herausgefunden, dass es Menschen im Urlaub gut geht. Sie sind glücklich, unbeschwert, und sie müssen nicht ständig auf dieses Ding schauen, das sie *„Uhr"* nennen.

Gut gelaunte Menschen sind angenehm für uns Hunde. Im Spanien-Land war es diese Sorte Menschen, die uns immer wieder etwas abgegeben hat von ihrem Urlaub-Essen. Weil sie viel mehr Zeit hatten, nicht in Eile waren, konnten sie auch mal stehenbleiben und uns wahrnehmen. Urlaub-Menschen nehmen überhaupt mehr wahr. Sie bleiben oft an den merkwürdigsten Stellen stehen, nehmen ein Kästchen in die Hand, durch das sie hindurchschauen und dann draufdrücken (oft ist es das Smartfoun, das sie ohnehin immer mit sich herumtragen, aber manchmal ist es auch ein *„Fotoapparat"*), sie nehmen sich viel öfter in den Arm oder lachen einfach so. Urlaub-Menschen sind auch oft sehr großzügig und ich glaube, sie denken weniger nach, als wenn sie nicht im Urlaub wären.

Auch meine Menschen-Familie macht Urlaub. Allerdings nicht im Spanien-Land. Darüber bin ich ehrlich gesagt auch froh. Obwohl ich dort aufgewachsen bin, mag ich die Hitze nicht so besonders. Hitze macht mich irgendwie schläfrig. Da mag ich am liebsten den ganzen Tag nur dösen, mich von einem Schattenplatz zum nächsten schleppen, kühle Bodenverhältnisse aufsuchen, mich ab und zu im Wasser erfrischen und gut. Wäre schade, wenn ich auf diese Weise unseren Urlaub vergeuden würde. Denn, ich muss euch sagen, ich bin auch auf den Geschmack gekommen. Urlaub machen ist was Tolles. Es ist aufregend, spannend und steckt von Anfang an voll von Überraschungen.

Schon mit dem Packen fängt es an. Da merke ich sofort, dass was im Busche ist. Beim ersten Mal war ich natürlich in keinster Weise darauf vorbereitet und konnte mir nicht erklären, was da auf einmal los war. Da war es mir schon ein wenig unheimlich zumute, das könnt ihr euch vorstellen. Plötzlich war da so eine Hektik im ganzen Haus. Alle liefen ständig treppauf, treppab, es wurden Taschen mit Schuhen und Körbe mit Lebensmitteln, Koffer mit Kleidung herumgeschleppt und alles kam schließlich ins Auto. Aber die Hektik war spürbar stressfrei, vielmehr schienen alle bester Laune und voller Vorfreude zu sein. Ich ahnte ja von nichts.

Irgendwann stiegen alle in das Auto. Da beeilte ich mich natürlich, mitzukommen. Und dann ging es auch schon los.

Die Autofahrt war sehr lang. Aber ich musste nicht in einem engen Käfig sitzen, alle Menschen meiner Familie waren dabei, und das war für mich die Hauptsache. Ihr müsst wissen, dass wir Hunde absolute Rudeltiere sind. Es ist für uns sehr wichtig, dass alle Mitglieder des Rudels zusammen sind. Die Menschen-Familie ist jetzt mein Rudel. Und ich mag es überhaupt nicht, wenn ein Mensch für längere Zeit fehlt. Manchmal war der Menschen-Chef oder die Menschen-Chefin für ein paar Tage weggewesen. Ich glaube, sie sagten was von *„geschäftlich"* oder so. Das fand ich immer ziemlich doof. Deswegen war ich umso glücklicher, dass bei diesem ersten Urlaub mit meiner Familie alle Rudel-Mitglieder an Bord waren.

Wir haben oft Pause gemacht. Mal brauchte das Auto was zu trinken (das kommt dann durch einen Rüssel in das Auto und stinkt furchtbar), mal die Menschen. Ich durfte jedes Mal an der Leine raus und die fremde Umgebung erschnüffeln. Klar, dass ich auch überall meine Duftmarke hinterlassen habe. Meine Menschen-Familie hatte echt an alles gedacht, sie hatten sogar eine Hunde-Wasserflasche dabei, denn es war total heiß und ich hatte viel Durst, weil ich musste ja auch überall ganz viel hinpinkeln. Wir fuhren also wie schon gesagt sehr lange mit dem Auto, und irgendwann hatte ich nicht mehr so viel Lust darauf, denn es begann, mich sehr an die Fahrt aus dem Spanien-Land in das Deutsch-Land zu erinnern.

Doch zum Glück, noch bevor ich mich so richtig darüber aufregen konnte, waren wir da. Das merkte ich daran, dass die Menschen alles aus ihrem Auto in ein kleines Haus getragen haben. Ein bisschen habe ich mich natürlich gewundert, denn warum, so habe ich überlegt, packen die Menschen so viele Sachen ein, tragen sie aus ihrem Haus, fahren dann damit so weite Strecken mit dem Auto, um am Ende wieder alles in ein anderes Haus, das übrigens bei weitem nicht so groß ist, zu tragen. Wahrscheinlich können Hunde solche Fragen nicht beantworten. Auf jeden Fall aber war es so, dass es sich trotzdem anders anfühlte, obwohl wir am Ende alle zusammen wieder in einem Haus waren.

Es war anders, weil die Luft anders roch. Sie roch irgendwie salzig, und das erinnerte mich an das Spanien-Land. Auch war es viel kühler, angenehmer, und es wehte einem immer ein leichter Wind um die Nase. Gleich nachdem alles ausgepackt war, ging die Menschen-Familie mit mir an der Leine nach draußen, um die Umgebung zu erschnüffeln. Menschen erschnüffeln die Umgebung anders als wir Hunde, sie pinkeln auch nicht überall hin, jedenfalls nicht meine Menschen-Familie.

Hier sieht man, wie ich mit den Menschen-Kindern das Meer-Wasser erschnüffele.

Ziemlich schnell kamen wir an ein großes Wasser, und ich wusste direkt, dass es das Meer war. Ich kannte das ja aus dem Spanien-Land. Nur, dass es dort anders ausgesehen hatte. Dieses Meer hatte ein steiniges Ufer. Ansonsten war das Wasser aber genauso salzig, und man konnte es nicht trinken. Ich versuchte es einmal, um sicher zu gehen, und es war so eklig wie das Meerwasser im Spanien-Land. Nein danke, sagte ich mir, und das war es auch mit dem Meer und mir im Urlaub.

In den nächsten Tagen lernte ich, wie man Urlaub macht. Und dadurch lernte ich natürlich auch, was für die Menschen so besonders am Urlaub ist. Das Wichtigste ist, glaube ich, dass sie nicht ständig weggehen und erst nach acht oder neun Stunden wieder nach Hause kommen. Sie müssen nicht *„arbeiten"*. Dadurch haben sie *„Zeit"*. Zeit ist auch so etwas, das kenne ich nicht. In einem Hundeleben benötigt man kein extra Wort dafür. Die Menschen müssen sich Zeit nehmen, um etwas zu tun. Wir Tiere haben sie einfach. Wir müssen uns keine Gedanken machen, ob wir Zeit für etwas haben. Wenn wir Hunger haben, essen wir, wenn wir müde sind, schlafen wir. Die Menschen hingegen machen sich ständig Gedanken, *„wann"* sie was machen wollen oder sollen, und oft haben sie keine Zeit für dies oder das oder müssen dafür einen *„Termin"* machen. Manchmal haben sie zu viele Termine, dann haben sie *„Stress"*. Ich verstehe nicht, wieso den Menschen das immer und immer wieder passiert, dass sie diesen Stress haben, denn eigentlich legen sie ihre Termine ja selbst fest. Genau genommen ist das sogar ein bisschen dumm von ihnen. Warum machen sie sich selbst diesen Stress?

Im Urlaub ist das aber anders. Da gibt es keine Termine, oder jedenfalls keine Termine, die für die Menschen Stress bringen. Die Menschen sind entspannt. Sie sind nicht ständig unter Strom. Denn dieses *„unter Strom sein“*, das ist manchmal kaum auszuhalten, denn ich kann das spüren. Im Urlaub, da scheint der Strom weg zu sein, das finde ich gut. In meinem ersten Urlaub mit meiner Menschen-Familie konnte ich all diese Dinge über Urlaub lernen.

Morgens lagen die Menschen so lange im Bett, bis ich fand, dass sie aufstehen konnten, um mit mir an das salzige Wasser zu gehen. Sie nahmen sich ganz viel Zeit für ihr Futter und saßen noch lange vor ihren leergegessenen Tellern. Manchmal fuhren wir mit dem Auto an eine andere Urlaub-Stelle, wo man schön spazieren gehen konnte. Für mich war das total spannend, weil es ja überall neu roch. Wir waren auch ab und zu an einem Strand, an dem ganz viele andere Hunde waren. Da durfte ich plötzlich ganz selbstverständlich frei laufen, das gefiel mir gut.

Hier sieht man, welchen Schildern wir folgen mussten.

Hier sieht man, wie ich mit einem Urlaub-Hund am Strand Fange spiele.

Auch die anderen Hunde waren gut gelaunt, denn ihre Menschen-Chefs waren ja auch im Urlaub und ohne Strom. Leider ist es nämlich so, dass sich dieser Stress der Menschen oft auf die Hunde übertragen kann. Die Hunde von solchen Stress-Menschen sind dann auch total hibbelig, das kann ganz schön nerven. Mit denen kann man sich kaum vernünftig unterhalten, sie wirken ständig, als wollten sie zehn Dinge gleichzeitig tun. Aber an diesen Hunde-Stränden mit all den tiefenentspannten Urlaub-Menschen, da war die Stimmung echt gut.

Hier sieht man mich, wie ich den Strand bewache.

Manchmal bleibt Sand an der Nase kleben, das mag ich nicht so gerne.

Hier sieht man, wie ich das Menschen-Mädchen bewache. Es hat sich im Sand eingegraben.

Die Menschen-Kinder dürfen abends auch länger wach sein als zuhause. Menschen sagen ihren Kindern nämlich normalerweise, wann sie schlafen müssen. Manchmal können die Menschen-Kinder aber noch nicht schlafen, wenn es die Menschen-Eltern ihnen befehlen. Dann gibt es Streit zwischen ihnen. Im Urlaub ist das nicht so. Da dürfen die Menschen-Kinder noch sehr lange wach sein und manchmal bis es dunkel ist im Urlaub-Garten spielen. Und ich weiß, dass das ganz schön spät ist.

Die Menschen haben verschiedene Orte, um Urlaub zu machen. Manchmal machen sie Urlaub in kleinen Häusern, manchmal aber auch in ganz großen Häusern, in denen gibt es ganz viele Zimmer. Ich weiß inzwischen, dass die Menschen so etwas *„Hotel"* nennen. Wenn man in dieses große Haus hineinkommt, das oft aussieht wie ein riesengroßer Würfel, dann glänzen Boden und Wände, und es gibt eine große Kiste, in die steigen alle Menschen hinein, drücken auf Knöpfe und werden dann zu ihrem Zimmer gefahren. Als die Menschen-Kinder noch kleiner waren, fanden sie das sehr lustig und wollten immer *„Aufzug fahren"*, bis die Menschen-Chefs gesagt haben, so etwas mache man nicht so zum Spaß, damit würden sie den Aufzug *„blockieren"* für die anderen Urlaub-Menschen. Ich hätte ihnen gerne gesagt, dass das für die Urlaub-Menschen sicher nicht schlimm war, dass der Aufzug die ganze Zeit von den Kindern blockiert war, weil ja die Menschen im Urlaub immer viel Zeit und gute Laune haben, aber sie haben mich nicht verstanden. Mir sind diese Aufzüge, wenn ich ganz ehrlich bin, ein bisschen unheimlich, denn wenn sie anfahren und abbremsen, hebt es mir immer den Magen.

Einmal, da waren wir in so einem ganz tollen Hotel in einer Menschen-Stadt mit dem Namen *„Leipzig"*. Es war ein Hotel, in dem sogar der Hotel-Chef selbst einen Hund hatte, den er immer mit zur Arbeit brachte. In diesem Hotel waren alle Menschen, die dort arbeiteten, wirklich sehr freundlich zu den Hunden, die dort mit ihren Menschen-Chefs Urlaub machten. Besonders einer war ganz außergewöhnlich nett. Bis zu dem Zeitpunkt, müsst ihr wissen, war ich nie mehr bei anderen Menschen gewesen als bei meiner Familie. Aber dieser Portier-Mensch, der einen ganz feinen Anzug mit glänzenden Knöpfen trug, der sah mich so an, als würde er mich verstehen. In seiner Tasche hatte er, das fand ich schnell heraus, immer etwas Leckeres für die Hunde-Gäste einstecken, und sein Mund hatte immer ein freundliches Wort. Er gab den Urlaub-Menschen viele Tipps, was sie in ihrer vielen Urlaub-Zeit alles machen könnten. Auch meiner Menschen-Familie gab er Tipps. Einer davon hieß *„Zoo".* Als meine Menschen-Chefin *„rescherschierte"* wurde sie plötzlich ganz traurig und sagte, dass einer von uns nicht mit in den Zoo könne, weil da Hunde verboten seien. Das hat mich natürlich auch traurig gemacht. Als wir also ziemlich bedröppelt durch die Hotelhalle schlichen, kam dieser nette Portier-Mensch auf uns zu und fragte uns nach unseren Plänen. Meine Menschen-Chefin erzählte es ihm, und da meinte er, dass das kein Problem sei, und er könne mich ja mit zu sich nach Hause nehmen und abends wieder mit ins Hotel bringen. Ich merkte, dass meine Menschen-Familie zögerte. Also für mich war das kein Problem. Ich wusste ja, dass *„Uwe"*, so hieß er nämlich, immer was Leckeres in der Tasche hatte und sehr in Ordnung war. Deswegen ging ich direkt zu ihm, wedelte ihn zur Begrüßung freundlich mit dem Schwanz an und tippelte dann artig mit ihm mit. Ich war gespannt, was wir erleben würden. Meine Menschen-Familie stand mit offenen Mündern da. Sie konnten nicht glauben, was sie da sahen. Der Tag mit Uwe, seiner Frau Andrea und einer netten Hundedame namens „Lissy" war sehr schön. Ich bekam meine eigene Hunde-Stadtführung und durfte Lissy das ganze Hunde-Essen aus dem Napf klauen.

Hier sieht man, wie ich im Friedenspark in Leipzig sitze, hinter mir die russische Gedächtniskirche.

Inzwischen haben sich meine Menschen und die Leipziger schon ein paar Mal getroffen und ich habe das Gefühl, sie verstehen sich recht gut. So ist das eben, wenn man mit mir in den Urlaub fährt.

Ja, all das und noch mehr ist das Besondere am Urlaub. Seit ich den ersten Urlaub mit meiner Menschen-Familie erlebt habe, verstehe ich, warum die Urlaub-Menschen im Spanien-Land freundlicher zu uns Hunden waren, als die anderen Spanien-Menschen, die arbeiten mussten. Und seit diesem ersten Urlaub bin ich jedes Mal, wenn Koffer oder Taschen gepackt werden, in Habacht-Stellung und versuche, möglichst mit dem ersten Koffer in den Kofferraum zu gelangen. Nur zur Sicherheit, damit sie mich nicht vergessen.

Was ich nicht so mag

Natürlich gibt es auch für einen Hund Dinge, die er überhaupt nicht mag. Ich habe es, glaube ich, schon erwähnt, dass ich es nicht leiden kann, wenn das Rudel nicht komplett ist. Das können die Menschen wohl nicht verstehen.

Als ich ganz neu in meiner Menschen-Familie war, da musste ich anfangs noch in einen großen Käfig, wenn morgens alle aus dem Haus gingen. Nach ein paar Stunden kamen dann meine Menschen-Chefin und die Menschen-Kinder zurück, dann durfte ich raus und bei ihnen sein, und meine Welt war wieder in Ordnung. Der Menschen-Chef kam leider immer erst abends nach Hause. Nach ein paar Tagen oder Wochen beschloss meine Menschen-Chefin, dass ich nicht mehr in diesem Käfig sein musste, wenn sie morgens das Haus verließ. Das freute mich, denn so konnte ich mal auf dem Sofa schlafen, mal unter dem Küchentisch, und ich fühlte mich nicht mehr eingesperrt. Wenn ich etwas trinken wollte, konnte ich zu meinem Wassernapf in der Küche gehen, und alles war gut. Ich konnte mich darauf verlassen, dass nach ein paar Stunden die Menschen-Chefin wieder nach Hause kam und dann auch mit mir einen schönen Spaziergang machte. Im Haus wollte ich nämlich nicht pinkeln oder mein großes Geschäft machen, das tun nur die Menschen.

Also alles war eigentlich gut eingespielt. Doch eines Tages, da kam die Menschen-Chefin nach ein paar Stunden nach Hause, ging mit mir spazieren, aber nur kurz, und ich spürte es direkt, dass sie „*unter Strom*" stand. Das fand ich schon nicht so gut. Dann aber, dann ging sie einfach wieder. Sie hatte keine Zeit mehr für mich. Sie ließ mich wieder allein. Ich war ziemlich verzweifelt, denn das kannte ich bis zu dem Zeitpunkt überhaupt nicht. Bisher waren wir am Nachmittag immer alle zusammen gewesen, ich hatte ihre Stimmen gehört und ihren Geruch um mich gehabt, und da hatte ich mich wohl und geborgen gefühlt. Doch jetzt? Jetzt war ich schon wieder allein. Was, wenn das jetzt immer so sein würde? Dass das Rudel immer erst abends komplett wäre? In meiner schlechten Stimmung war mir auch noch schrecklich langweilig, und so machte ich mich auf die Suche nach etwas Essbarem. Mir war klar, dass mich das ein wenig ablenken würde von meiner Traurigkeit. Ein bisschen ahnte ich aber bereits, dass das die Menschen-Chefs wahrscheinlich nicht gut finden würden. Trotzdem suchte ich weiter.

Ich kann das nicht richtig erklären, ich war plötzlich wie magisch angezogen von dem Geruch, der durch die

Verpackung durchkam. Das war etwas, das die Menschen „*Schokolade*" nennen. Die Menschen-Chefin hatte das Paket von einem Besuch-Menschen bekommen und es stand auf der Kommode im Wohnzimmer. Es war glänzend, hatte eine Farbe ein bisschen so wie Kirschen, ich glaube, die Menschen sagen „*rot*" dazu, und es hatte eine merkwürdige Form, unten so spitz zulaufend und oben mit zwei halbrunden Wölbungen. Inzwischen weiß ich, dass die Menschen „*Herz*" dazu sagen. Also, diese Herz-Verpackung hatte einen Inhalt, den ich durch alles durch riechen konnte, und ich beschloss, mir das mal näher anzusehen. Wie schon gesagt, ich fand es schrecklich eintönig und langweilig, den Nachmittag auch noch alleine zu sein, nur deswegen brauchte ich ja diese Ablenkung. Es war gar nicht schwierig, diese Herz-Verpackung mit der Schnauze von der Kommode zu stoßen. Und weil ich prima spitze Zähne habe, war es mir ebenfalls ein Leichtes, die Verpackung aufzubeißen. Es kamen lauter fast quadratische braune Dinger zum Vorschein. Manche waren noch einmal verpackt. Ich glaube manchmal, Menschen lieben Verpackungen nur um der Verpackung willen, denn viele davon sind wirklich unnötig. Jedenfalls, ich konnte diesen braunen Dingern nicht widerstehen. Ich musste sie einfach alle aufessen. Manche aß ich ohne rosa Glitzerverpackung, manche mit. Ich hatte so etwas noch nie zuvor gegessen.

Es schmeckte anders als das Menschen-Essen, das ich manchmal bekommen hatte, und es war auf keinen Fall extra Hunde-Essen. Inzwischen weiß ich, dass es für die Menschen *„süß"* schmeckt und dass sie es *„naschen"* nennen, wenn sie so etwas Braunes essen. Ich weiß inzwischen auch, dass die Flüssigkeit, die in den kleinen, braunen Schokoladen steckte, auf keinen Fall Menschen-Kinder und auch keinesfalls Hunde bekommen dürfen. Die Menschen nennen diese Flüssigkeit *„Alkohol"*. Mir schmeckte der Alkohol nicht, denn er war ein bisschen scharf, aber er war eben drin in der Schokolade, also musste ich ihn mitessen. Mir wurde ein bisschen schwummerig davon, aber das bewirkte, dass ich meine Traurigkeit vergessen konnte. Außerdem konnte ich ziemlich gut schlafen, nachdem ich bis auf zwei Schokoladen alle gegessen hatte.

Jedenfalls war da plötzlich ruckzuck der Nachmittag vorbei und die Menschen-Chefin stand da. Ich spürte gleich, dass sie es nicht gut fand, als sie die leergegessene Verpackung auf dem Boden entdeckte. Sie war sogar ziemlich sauer. Ich habe ja schonmal erwähnt, dass die Menschen-Chefin sehr schnell fürchterlich wütend sein kann. Das fühlt sich dann an, als würde etwas in ihr explodieren. Danach ist es zwar wieder gut, aber die Explosion ist nicht so schön.

Die kam jetzt... Vorsichtshalber zog ich den Schwanz ein, machte mich ganz klein, schaute so reumütig, wie ich nur schauen kann und huschte ganz schnell in meine Hunde-Hütte. Ich habe nämlich eine eigene Hunde-Hütte, die steht im Flur bei der Menschen-Familie. Ursprünglich sollte die Hütte mal draußen stehen, auf ihrer *„Pergola"* hinter dem Haus. Da sollte mein Hunde-Platz sein. Aber dann entschieden sie sich doch dafür, dass mein Hunde-Platz im Haus sein sollte, und da brauchten sie die Hütte nicht auf der Pergola. Ich war sehr froh, dass ich mich in diese Hütte zurückziehen konnte, bis die Explosion bei der Menschen-Chefin vorbei war. Die leere Schokoladen-Verpackung legte sie mir jedenfalls direkt vor den Eingang der Hütte, das fand ich ziemlich fies, denn wenn ich herauswollte, musste ich daran vorbei und wurde daran erinnert, dass ich was getan hatte, was die Menschen-Chefin nicht gut fand. Aber strenggenommen waren wir ja jetzt quitt, denn sie hatte mir die Langeweile gemacht, indem sie gleich nach dem Mittagspaziergang wieder aus dem Haus gegangen war. Irgendwann, nachdem die Menschen-Chefin dem Chef und den Kindern gezeigt hatte, wie ich mich vor der leeren Schokoladen-Verpackung ducke und nachdem ich bestimmt zehnmal „*eine ganze Packung Monscherie*" gehört hatte, nahm der Menschen-Chef endlich die leere Herz-Verpackung vor meiner Hütte weg und warf sie in die Tonne für Verpackungen. Ich konnte endlich wieder aus meiner Hütte heraus und fragte mit vorsichtigem Schwanzwedeln bei der Menschen-Chefin an, ob sie wieder gut mit mir war. Als ich aus den Augenwinkeln sah, dass sie ein bisschen lächeln musste und mir sogar kurz über den Kopf streichelte, wusste ich, dass es wieder in Ordnung war zwischen uns. Und so etwas ist mir sehr wichtig, dass Dinge in Ordnung sind.

Nach diesem ersten Schokoladen-Essen war ich auf den Geschmack gekommen. Ich weiß inzwischen, dass Hunde eigentlich keine Schokolade essen dürfen und dass manche Hunde sehr krank davon werden. Aber ich vertrage sie sehr gut. Meine Menschen-Familie versucht seit dieser Monscherie-Vertilgung jede Schokolade vor mir zu verstecken. Sie haben ihre Schokolade in eine Kiste gepackt und diese Kiste in einem Zimmer versteckt. Aber ich bin ja nicht dumm. Die habe ich trotzdem noch gefunden. Weil ich weiß, dass ich eigentlich nicht da rangehen darf, versuche ich auch, es mir echt zu verkneifen. Bloß immer dann, wenn ich nachmittags auch nochmal allein sein soll und die große Langeweile über mich kommt, halte ich es fast nicht aus. Dann hilft mir nur noch Schokolade, damit ich schön schläfrig werde und so. Lange Zeit bekam ich die Tür zu dem Zimmer auf, in dem sie die Kiste mit der Schokolade versteckt hatten. Inzwischen hat der Menschen-Chef aber die Türklinke so verändert, dass ich keine Chance mehr habe, sie mit den Vorderpfoten nach unten zu drücken.

Manchmal feiern die Menschen mit ihren Menschen-Kindern ein *„Fest"*, wo sie bunt verpackte Schokolade verstecken, und die Kinder müssen diese dann suchen. Das sind Kaninchen aus Schokolade, die in goldglänzendes Papier eingewickelt sind und ein rotes Glöckchen um den Hals gebunden haben. Ehrlich, ich finde es schon etwas ungerecht, dass Menschen-Kinder (und übrigens auch die Menschen-Chefs) diese Kaninchen essen dürfen, aber mir sogar verboten wird, auch nur ein ganz kleines bisschen ein Kaninchen im Wald zu jagen. Einmal habe ich so ein Schokoladen-Kaninchen zusammen mit ganz vielen Eiern aus Schokolade und Zucker gefunden, und zwar bevor die Menschen-Kinder es entdeckt hatten. Das habe ich mir dann neu versteckt und wollte es mir für Langeweile-Zeiten aufbewahren. Leider hat das die Menschen-Chefin beim *„Putzen"* entdeckt.

Wobei wir beim nächsten Punkt wären, den ich nicht mag. Die Menschen wollen immer, dass alles ganz ohne Eigengeruch ist. Sie wollen, dass es „**sauber**" riecht, dass keine Haare oder Krümel auf dem Boden herumliegen. Es darf nicht nach mir riechen und auch nicht nach Mensch. Etwa einmal in der Woche wird es schrecklich ungemütlich bei uns im Haus. Das ist immer dann, wenn die Menschen-Chefin putzt. Sie hat eine Maschine, die ihr dabei hilft. Diese hat einen langen Schlauch und ein Rohr und macht fürchterlichen Lärm. Wo sie drüberfährt, sind keine Krümel mehr. Oder fast keine mehr. Die Menschen-Chefin möchte dann auch, dass der Rest der Familie mithilft. Ich würde wirklich auch gerne mithelfen, aber ich fürchte, ich kann da nichts tun. So versuche ich, nicht im Weg zu sein und schleiche mich von einem Platz zum nächsten. Erst wenn die Chefin überall mit der Maschine durch ist, ich glaube sie nennt es „**Staubsauger**", und wenn sie mit Tüchern gewischt hat und nichts mehr nach uns riecht, ist sie zufrieden. Wenn sie wüsste, wie wichtig für uns Hunde der Geruch ist und wie wohl wir uns fühlen, wenn es ganz und gar nach unserem Rudel riecht. Aber ich fürchte, das lernt die Chefin nicht mehr, da ist sie schon zu alt dazu und das mit dem Putzen ist so eine Gewohnheit, die sie nicht so einfach ablegen wird.

Was ich außerdem überhaupt nicht mag, ist ein weiteres „Fest", das die Menschen jedes Jahr „feiern". Inzwischen kenne ich diese beiden Wörter Fest und feiern, wenn ich auch zugeben muss, dass mir diese menschliche Angewohnheit aus der Hundewelt fremd ist. Wir Hunde, das habe ich ja schon mehrfach erwähnt, kennen den Begriff „Zeit" überhaupt nicht. Für die Menschen scheint Zeit aber etwas sehr Wichtiges, ich möchte fast sagen, Grundlegendes zu sein, um das herum sie sich ihr ganzes Leben aufbauen. Manche Menschen können das besser, manche etwas schlechter. Diese Zeit zählen sie. Sie haben dafür „Stunden", „Tage", „Wochen", „Monate" oder „Jahre".

Für uns gibt es gute und schlechte, warme und kalte, nasse und trockene Zeiten – im Spanien-Land gab es Zeiten, in denen wir satt und sicher waren und Zeiten, in denen wir hungrig und in Habachtstellung waren. Es gab Zeiten, in denen viele Urlaub-Menschen da waren und Zeiten, in denen es fast keine davon gab. Wir zählen diese Zeiten aber nicht, wir er-leben sie nur, denn was nützte es uns, diese zu zählen? Menschen tun das aber. Es ist sogar wichtig für sie, welcher „Tag" gerade ist. Was alle Menschen gemeinsam haben, sind bestimmte Tage in ihrem Menschen-Jahr, die für alle die gleiche Bedeutung zu haben scheinen.

Da gehört zum Beispiel diese Sache dazu, die sie „*Silvester*" nennen. Dieser Tag ist immer, wenn es draußen kalt ist und abends früh dunkel wird. Eigentlich beginnt er ganz entspannt. Die Menschen sind in fröhlicher Stimmung und bereiten sich leckeres Menschen-Essen zu. Meistens kommen noch Besuch-Menschen zu meiner Familie, das finde ich grundsätzlich auch prima, weil dann mehr potentielle Mich-Streichler im Haus sind. Irgendwann, wenn die Menschen sich eigentlich schon in ihre Schlaf-Betten gelegt haben müssten, aber trotzdem noch wach sind, fängt es an, komisch zu werden. Inzwischen weiß ich, was es bedeutet. Sie schauen immer wieder auf das Ding, welches ihnen die „*Uhr-Zeit*" sagt, kippen sprudelndes, gelbes Wasser in besondere Gläser (ich glaube, sie nennen das „*Sekt*") und gehen dann damit nach draußen. Um solch eine Uhr-Zeit tun sie so etwas für gewöhnlich nie. Nur am Silvester-Tag scheint alles anders zu sein. Ich muss im Haus bleiben und darf nicht mehr bei meinem Rudel sein.

Und dann geht das Gerumse los. Was das ist, kann ich euch nicht genau sagen. Es knallt, zischt und dröhnt, der Himmel wird immer wieder von grell leuchtenden, bunten Farbblitzen erhellt. Rauchsäulen durchziehen die Luft. Einmal habe ich meine Nase hinter dem Haus nach draußen gesteckt und bin ehrlich erschrocken, denn es roch, als würde der Himmel brennen. Ehrlich, ich habe Angst an diesem Silvester-Fest. Ich habe Angst, weil ich nicht verstehe, was da genau passiert. Ich begreife nicht, warum meine Menschen-Familie freiwillig da rausgeht in diesen Lärm. Da ist es so laut, dass sie nicht einmal hören, dass ich ihnen die ganze Zeit rufe. Ich habe Angst, ihnen könnte was passieren. Gut, sie sind bis jetzt nach jedem Silvester-Fest wieder zurückgekommen, aber ich werde mich trotzdem nicht daran gewöhnen. Übrigens bin ich aber mutiger als die Pony-Tiere. Die rennen, das habe ich aus dem Fenster beobachten können, die ganze Zeit panisch im Kreis, weil sie auch nicht verstehen, woher der Lärm kommt und ob er Gefahr bedeutet, und jedes Jahr entscheidet Sisco, der Pony-Chef, dass am Silvester-Tag höchste Alarmstufe herrscht.

Eine Weile nach diesem Silvester-Fest machen die Menschen etwas fast noch Seltsameres. Da ziehen sie sich plötzlich andere Kleidung an, so dass man sie gar nicht wiedererkennt. Manchmal setzen sie sich Hüte auf oder haben plötzlich andere Haare oder sogar Masken vor dem Gesicht. Für uns Hunde ist es dann extrem schwer zu erkennen, wer jetzt der Menschen-Chef ist oder welches Menschen-Kind zum Rudel gehört. Natürlich haben wir eine sehr feine Nase und erkennen unser Rudel eigentlich am Geruch. Aber bei diesem seltsamen Menschenfest überwiegen meist ganz andere Gerüche, die ich überhaupt nicht richtig zuordnen kann. Ich kann auch nicht sofort erkennen, wie die Laune der Menschen wirklich ist, weil ja die Maske das Gesicht verdeckt. Deswegen sage ich euch: Hunde mögen es nicht, wenn sich Menschen eine Maske aufsetzen! Wenn die Menschen so ein Fest feiern, es heißt glaube ich „*Fasching*" oder „*Karneval*", dann benehmen sie sich höchst komisch. Ausgewachsene Menschen-Chefs oder -Chefinnen sind plötzlich, als wären sie ihre eigenen Menschen-Jungen. Sie trinken oft auch sehr viel Alkohol und man hat das Gefühl, viele wissen gar nicht mehr so richtig, was sie eigentlich tun.

Ich mag auch nicht, wenn sich die Menschen-Chefin oder das Menschen-Mädchen Farbe auf ihre Füße tupfen. Die Farbe riecht so, dass sie ganz fies in unsere Nase kriecht und ein Brennen bis in den Kopf hinauf verursacht. Ich verstehe nicht, weshalb sie das tun. Auf alle Fälle muss es was typisch Weibchenhaftes sein, bei den Menschen-Männchen habe ich das noch nicht beobachtet, worüber ich sehr froh bin. Wenn ihnen die Farbe nicht mehr gefällt, machen sie sie weg, dazu benutzen sie eine Flüssigkeit, die noch schlimmer riecht. Und

dann beschwert sich die Menschen-Chefin, wenn ich „stinke".
Ich möchte mal wissen, wer hier stinkt.

Eine andere Sache, die auch mit den Füßen zu tun hat, betrifft meine Pfoten. Ich kann es nicht ausstehen, wenn sie mir nach dem Spaziergang die Pfoten abputzen. Immer schön ein Bein nach dem anderen heben, das fühlt sich komisch wackelig an. Es will mir beim besten Willen nicht einleuchten, wozu das gut sein soll. Ehrlich gesagt, bin ich zwischen den Ballen an meinen Pfoten extrem kitzlig, vor allem hinten, und ich muss mich da wirklich sehr beherrschen.

Was ich auch nicht so wirklich mag, und zwar weil ich es total gemein finde, ist wenn die Menschen zu so bestimmten Futterplätzen gehen. Das sind Futterplätze wo es Menschen-Essen aus anderen Ländern gibt. Zum Beispiel gehen sie gerne zum Griechen-Essen, zum Italiener-Essen oder zum Inder-Essen. Sie nehmen mich dann meistens mit, was ich grundsätzlich zuerst einmal gut finde. Wenn wir diesen Futterplatz betreten, ich glaube sie sagen *„Restoro"* dazu, dann bin ich zuerst mal völlig hin und weg. Ich kann euch sagen, diese wunderbare Komposition aus Wohlgerüchen, die da meine Nase umschmeichelt, ist einfach beinahe umwerfend. Am liebsten würde ich an jedem einzelnen dieser Menschen-Tische stehenbleiben und erst einmal ausgiebig schnüffeln, meinen Lächel-Trick anwenden und versuchen, etwas Leckeres zu ergattern. Doch das wollen meine Menschen-Chefs nicht. Sie möchten gerne, dass ich nur an ihrem Futterplatz bin. Ich muss mich unter den Tisch legen, muss ganz still sein und bekomme überhaupt gar nichts von dem Essen der Menschen-Chefs. Außer es fällt mal zufällig was auf den Boden.

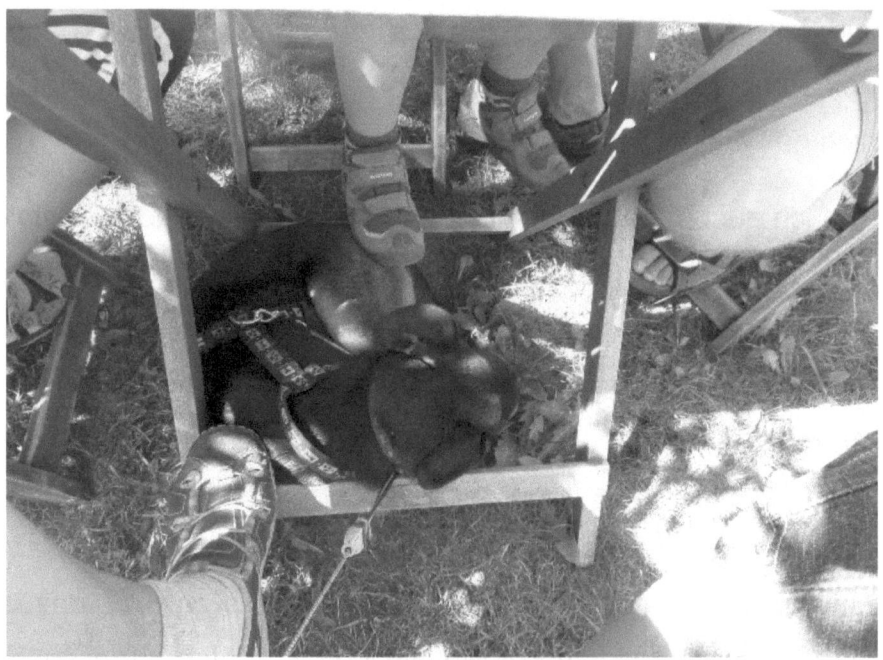

Hier sieht man, wie ich in einem Garten-Restoro brav unter dem Tisch bei all den Menschen-Füßen liege.

Wenn ich mir was wünschen dürfte

Auch wenn ich jetzt Dinge beschrieben habe, die ich nicht so gerne mag, führe ich ansonsten ein wirklich glückliches Hunde-Leben bei meiner Menschen-Familie. Aber man macht sich eben so seine Gedanken den lieben langen Tag, beispielsweise wenn man so alleine ist, weil die Menschen in der Menschen-Schule oder bei der *„Arbeit"* sind. Das sind ganz allgemeine Gedanken, und ich habe wirklich lange gezögert, sie euch mitzuteilen. Ich weiß nämlich, dass Menschen manchmal Dinge *„in den falschen Hals"* bekommen können (übrigens habe ich diesen Ausdruck der Menschen nie richtig verstanden, denn ich habe noch keinen Menschen gesehen, der mehr als einen Hals hat). Trotzdem habe ich mich dazu entschieden, es einfach zu sagen, denn ich habe ja schon erwähnt, dass wir Hunde sehr direkt sind.

Ich würde mir in erster Linie wünschen, dass diese Sache mit der *„Zeit"* für die Menschen nicht mehr so maßgeblich wäre. Ohne Zweifel würden die Menschen dadurch gelassener. Der Menschen-Junge sagt *„getschillt"* dazu. Was ich mir auf jeden Fall für die Menschen wünschen würde, das wäre, dass sie wieder lernen, miteinander zu kommunizieren. Das würde natürlich voraussetzen, sie nehmen sich Zeit füreinander, sie schauen sich beim Sprechen an und reden nicht mehr so viel über dieses kleine Kästchen, das sie „*Smartfoun*" nennen. Würden die Menschen wieder mehr auf die Körpersprache achten, gäbe es bestimmt weniger Streit zwischen ihnen. Menschen haben nämlich eigentlich auch eine Körpersprache, auch wenn sie nicht mit dem Schwanz wedeln oder die Ohren anlegen können wie wir Hunde. Manchmal habe ich das Gefühl, dass Menschen ihre Gefühle nicht immer deutlich genug zeigen, gerade so, als wollten sie diese verstecken. Bei manchen Menschen wirkt es, als hätten sie eine Maske auf. Wir Hunde können zum Glück meist hinter diese Maske blicken, aber die Menschen offenbar nicht. Dann kann es vorkommen, dass sie sich gar nicht ihre Liebe, Zuneigung oder Abneigung zeigen. Sie sagen was anderes, als sie fühlen. Ehrlich, das geht bei Menschen. Bei uns Hunden ist das undenkbar. Man könnte also sagen, ich wünsche mir, dass die Menschen wieder echt und ehrlich zueinander sind. Einfach, direkt, geraderaus. Außerdem wäre es wirklich schön, wenn die Menschen sich öfter Gedanken darüber machen würden, was ihr Tun und Handeln für uns Tiere bedeutet. Ich habe oft das Gefühl, die Menschen vergessen, dass sie nicht allein auf diesem Planeten leben.

Andere Dinge, die ich mir jetzt konkret für meine Menschen-Familie und mich wünschen würde, wären:

dass ich immer überall hin mitkommen darf.

dass das Rudel immer vollständig ist.

dass ich nicht baden muss, wenn ich draußen einen tollen Duft gefunden und mich darin gewälzt habe.

dass die Menschen-Chefin nicht so sauer mit mir ist, wenn ich Schokolade geklaut habe.

dass die Katzen nicht mehr so doof sind.

dass ich meine Freundin, die Gestromerte, aus dem Spanien-Land, wiedersehe.

dass ich ab und zu mal einen Hasen jagen darf, wenigstens einen kleinen.

dass ich mit meinen Menschen im Bett schlafen darf.

dass ich meine Pfoten nicht saubermachen lassen muss, wenn wir von draußen reinkommen – die Menschen-Chefin putzt ja sowieso.

dass ich jeden Tag einen Knochen bekomme und dass mir keiner mehr meine verbuddelten Schätze klaut und in die schwarze Tonne wirft, wo ich sie nicht mehr rausholen kann.

dass ich nicht ständig mit der Bürste im Fell geziept bekomme.

dass die Menschen-Chefin mir nicht mehr so ein dummes Stinke-Öl ins Fell macht, wenn ich mal wieder von draußen prima dufte.

dass ich im Restoro endlich auch mein eigenes Hunde-Essen bekomme, meinetwegen auch unter dem Tisch.

dass ich nicht mehr im Fahrrad-Anhänger mitfahren muss; ich kann nämlich wirklich mitrennen.

Zum Schluss möchte ich noch anfügen, dass es mir eine Ehre ist, dieses Buch für euch Menschen aufgeschrieben bekommen zu haben und dass ich mich freue, dass du, lieber Mensch, dieses Buch bis zu diesem Ende hier gelesen hast.

Ich möchte mich bei meiner Menschen-Familie dafür bedanken, dass sie mich bei sich aufgenommen hat und mir ein so schönes Zuhause gibt, wo ich mir keine Gedanken mehr darüber machen muss, wie ich satt werde und wo ich mich sicher, geborgen und geliebt fühlen darf. Ich würde mir das für viele meiner Hunde-Freunde im Spanien-Land wünschen.

Senta Maria Hildebrand

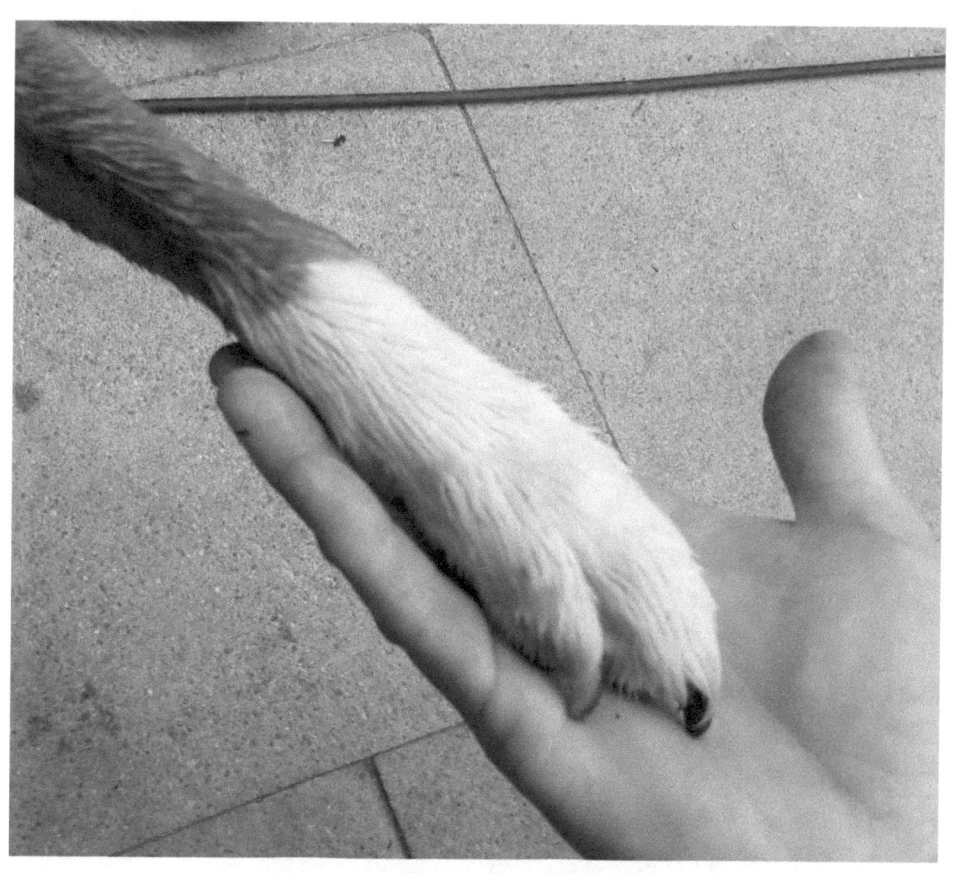

High Five

Hier sieht man mich, wie ich auf mein Heimat-Dorf Berndshofen blicke.

Nachwort der Menschen-Autorin und „Menschen-Chefin"

Dieses Büchlein zu schreiben, war schon lange ein Wunsch von mir. Mich komplett in Sentas mögliche Hunde-Welt einzudenken, erforderte jedoch mehr Empathie, als ich erwartet hätte. Vielmehr musste ich wirklich versuchen, unsere Menschen-Welt komplett mit den Augen unseres Hundes zu sehen und dabei zu reflektieren, wie wir Menschen uns eigentlich verhalten. Dass ich mir dadurch mehr als einmal den Spiegel vor Augen halten musste und mir eingestehen musste, wie seltsam manch menschliches Verhalten auf die Tiere wirken muss, hat mich manchmal selbst überrascht. Auf alle Fälle hat es Spaß gemacht, Sentas Geschichte aufzuschreiben und ich hoffe, dass es auch ein bisschen Spaß macht, diese zu lesen.

Senta und ihre Menschen-Chefin beim Spaziergang im Wald

Unser Hund Senta bereicherte unsere Familie vom ersten Tag an, als sie zu uns kam. Und es wäre natürlich schön, wenn durch dieses Buch die ein oder andere Familie so inspiriert würde, dass sie ebenfalls einer Hunde-Seele einen guten Platz anböte.

Doch es gibt ein paar wesentliche Punkte, die man dabei bedenken sollte, wenn man sich für einen Hund als Haustier entscheidet.

Ein Hund ist wie ein Familienmitglied. Menschen, die sich mit Hunden nicht auskennen, halten diesen Begriff für überzogen und reagieren empört, weil man Hunde und Menschen dadurch auf die gleiche Stufe stellen würde. Das stimmt aber so nicht. Es ist damit nicht gemeint, dass man einen Hund vermenschlicht. Ich möchte vielmehr zum Ausdruck bringen, dass ein Hund ein Rudeltier ist und seine Menschen als Rudelmitglieder ansieht, und dieses Verhalten lebt der Hund ganz deutlich aus. Er leidet, wenn das Rudel nicht komplett ist. Ein Hund will immer gefallen, alles richtig machen, will aber auch gesagt bekommen, was er zu tun hat. Ein bisschen ist das deswegen wie ein Kind.

Der Mensch muss in der Beziehung zum Hund das Alpha-Tier sein, der „Menschen-Chef" eben, und so wie in einem Hunde- oder Wolfsrudel klare Regeln herrschen, braucht der Hund diese Konsequenz auch in seiner Familie. Hunde aus Spanien oder auch aus anderen Ländern, die von Tierschutzorganisationen gerettet und vermittelt werden, haben nicht immer, aber oft ein Trauma. Gerade dadurch werden oft diese Hunde besonders anhänglich. Wichtig aber ist, dass jeder Hund ganz klare Regeln braucht, so wie sie auch in einem Wolfsrudel herrschen.

Hunde, die einmal auf der Straße gelebt haben, sind in der Regel extrem gut sozialisiert, denn sie mussten ja lernen, mit anderen Hunden zu kommunizieren und waren nicht nur, wie mancher Hund, den man beim Züchter holt, in einer Welpen-Spielgruppe.

Senta hat viel durchgemacht. Für uns war klar, dass wir beispielsweise auch unseren Urlaub künftig nur noch so planen, dass Senta dabei sein kann. Niemals würden wir sie in eine Tierpension bringen, um zwei Wochen Urlaub ohne Hund machen zu können. Ich weiß einfach nicht, ob sie das nicht wieder zu stark an ihre Zeit in der Tötungsstation erinnern würde oder ob sie denken würde, wir hätten sie verlassen. Das ist kein großer Verzicht für uns, aber man muss sich das eben gut überlegen.

Man muss sich auch darüber im Klaren sein, dass ein Hund dreimal am Tag bewegt werden möchte. Herumzustreifen, ein Revier abzugehen, es zu markieren, Spuren zu erschnüffeln, all das gehört zur Natur eines Hundes. Für uns passte es prima dazu, denn wir haben mit unseren Tieren, die Senta ja bereits ausführlich vorgestellt hat, ohnehin jeden Tag draußen zu tun. Dennoch muss man sich Zeit nehmen wollen für die Hunde-Spaziergänge. Man wird schnell feststellen, dass diese wiederum eine Bereicherung für einen selbst sind. Man hat täglich Bewegung, manchmal mehr als einem lieb ist. So manche Sofa-Kartoffel ist durch den Hund zum Freizeitsportler geworden, in jedem Fall aber fitter.

Ein Hund kann hinter die Fassade blicken und weiß immer, wie es einem geht. Senta spürt meine Stimmung schneller, als ich sie in Worte fassen kann. Wenn es Ärger mit den Kindern gab, wenn sie beispielsweise gerade vergessen hatten, die Schuhe auszuziehen und mitten durch die frisch geputzte

Küche latschten, dann spürte Senta, noch bevor ich wütend werden konnte, dass ich gleich loswettern würde. Sie zog den Schwanz ein, duckte sich und verlangte, in ihre Hütte im Flur zu gehen. Damit hielt sie mir direkt den Spiegel vor Augen, ich musste innehalten und überlegte mir das ein oder andere Mal, ob es denn nun wirklich wert war, zu explodieren. So tut Senta auch mir unheimlich gut, auch indem sie das ein oder andere Mal eine Pause einfordert, weil sie gestreichelt werden möchte, sich neben mich legt, den Kopf auf den Schoß bettet und mich voller Liebe anschaut. Wir können uns jedenfalls nicht mehr vorstellen, wie es ohne Senta war und würden sie nicht mehr hergeben.

Senta ist jetzt sieben Jahr alt und damit im „besten Alter". In Menschenjahren wäre das 49. Wenn ich mir etwas wünschen darf, dann dass Senta noch lange, lange Zeit bei uns bleibt.

Man sieht, dass Senta durchaus am Entstehungsprozess beteiligt war .

Hier sieht man, dass ich sogar im Anhänger des Traktors mitfahren kann.

Hier sieht man, wie ich bei der Apfelernte mithelfe.

Oft vergrabe ich einen Apfel für's nächste Jahr...

Hier sieht man, wie ich bei der Heuernte mithelfe und die Ballen bewache.

Hier sieht man, wie ich beim Schlittenfahren helfe, indem ich mit den Menschen- Kindern um die Wette renne.

Hier sitze ich im Schnee. Schnee ist kalt. Kannte ich noch nicht.

Interview mit Katharina Holzwarth vom Verein Tiere in Spanien e.V.

K. Hildebrand: Frau Holzwarth, Sie engagieren sich nun schon seit wie vielen Jahren für Tiere in Spanien?

K. Holzwarth: Ich kam über die Adoption eines spanischen Straßenhundes zu „Tiere in Spanien", das war im Jahr 2013. Wenn man dann selbst mal in Spanien war und hat die Leute vor Ort kennengelernt, die Tierschützer, die da Unglaubliches leisten, dann hat man schon das Bedürfnis, da seinen Beitrag dafür zu leisten.

K. Hildebrand: Seit wann gibt es den Verein, und was ist seine Zielsetzung?

K. Holzwarth: Im Dezember 2003 wurde der Verein gegründet und hat sich seitdem natürlich schon vergrößert und weiterentwickelt. Wir hatten früher eine eigene Auffangstation in Spanien, aber inzwischen arbeiten wir mit bereits bestehenden Tierheimen in Spanien zusammen. Wir unterstützen sie bei der Vermittlung von Hunden, aber auch durch Geld- und Futterspenden. Seit einigen Jahren haben wir einen eigenen Transporter, und immer wenn der Transporter nach Spanien fährt, um Hunde nach Deutschland zu holen, nehmen wir natürlich ganz viele Sach- und Futterspenden mit.

K. Hildebrand: Und wie wird das Ganze finanziert?

K. Holzwarth: Wir finanzieren uns über Spenden, Patenschaften und Mitgliedsbeiträge.

K. Hildebrand: Können Sie die Hauptaufgaben der Tiernothilfe beschreiben? Wie viele Hunde retten Sie da in etwa pro Jahr?

K. Holzwarth: Unsere Hauptaufgabe sehen wir darin, die Tierschützer vor Ort vor allem finanziell zu unterstützen und natürlich Hunde in ein neues Zuhause zu vermitteln. Gleichzeitig unterstützen wir dadurch die Arbeit der spanischen Tierheime, denn immer wenn aus den Tierheimen dort Hunde nach Deutschland vermittelt werden, gibt es wieder Kapazität für Straßenhunde aus der Tötungsstation oder aus schlechten Verhältnissen. So arbeiten wir ganz eng mit drei Tierheimen in Spanien zusammen. Pro Jahr vermitteln wir etwa 250 Hunde aus Spanien.

K. Hildebrand: Was würden Sie sagen, ist für Sie das Besondere an den spanischen Straßenhunden? Oder anders gefragt, warum lohnt es sich auf jeden Fall, einen solchen Hund in die Familie aufzunehmen?

K. Holzwarth: Ich finde es grundsätzlich schön, wenn man einen Hund aus dem Tierschutz adoptiert, zunächst einmal egal ob er aus einem spanischen, rumänischen, ungarischen oder deutschen Tierheim kommt. Spanische Straßenhunde sind oft sehr schlank, da bei vielen Windhund mit in der Ahnenreihe steckt. Hunde, die von der Straße kommen, sind meistens sehr gut verträglich mit anderen Hunden, weil sie in Gruppen gelebt haben. Es gibt eine Fülle an sehr gut sozialisierten Hunden, die an Familien vermittelt werden können.

K. Hildebrand: Wenn jetzt jemand nach dem Lesen dieses Buches sagt, er möchte auch einer solchen Hundeseele ein neues Zuhause geben, was muss er dann konkret tun?

K. Holzwarth: Zunächst einmal kann man sich über unsere Homepage informieren, da werden alle Hunde vorgestellt, die auf ein neues Zuhause warten. Diese Hunde sind meistens noch bei den spanischen Tierschützern, manchmal aber schon in Pflegestellen in Deutschland. Dort kann man dann auch schon konkret etwas zum Charakter des jeweiligen Hundes sagen. Sie sind geimpft, entwurmt, kastriert. Wichtig ist, dass auch ein Blutbild gemacht wurde, denn manche Hunde aus dem Mittelmeerraum können mit Leishmaniose infiziert sein, das ist eine Krankheit, die durch Sandmücken übertragen wird. Ist dies der Fall, muss der Hund nämlich sein Leben lang Medikamente bekommen. Interessiert man sich ernsthaft für einen Hund, wendet man sich an unseren Verein. Es kommt zu Vorgesprächen, bei denen wir versuchen, den passenden Hund für die Interessenten zu finden, so nach dem Motto „Topf sucht Deckel". Nach den Vorgesprächen gibt es dann eine Vorkontrolle. Da kommt jemand von unserem Verein zur Familie und schaut, wohin der Hund denn käme, ob das wirklich harmonieren könnte. Ja, und wenn dann alles soweit in Ordnung ist, haben wir ja inzwischen unserem eigenen Transporter und es gibt einen Transporttermin. Wir machen einen Schutzvertrag, es wird eine Schutzgebühr fällig, und der Hund darf in seine neue Familie. Allerdings fühlen wir uns nach wie vor verantwortlich für jeden Hund, den wir vermitteln, und sollte es dann trotz noch so vieler Vorgespräche doch nicht passen mit Hund und Herrchen, so suchen wir für den Hund auch ein neues Zuhause. Das kann natürlich manchmal auch ganz schön frustrierend sein.

K. Hildebrand: Kann man den Verein „Tiere in Spanien" auch finanziell unterstützen?

K. Holzwarth: Wir sind ein gemeinnützig anerkannter Verein, weshalb wir auch Spendenbescheinigungen ausstellen können. Man kann mit einer Patenschaft für einen speziellen

Hund, einer Futterpatenschaft, einer Mitgliedschaft oder einfach einer Spende helfen. Auch über Futter- und Sachspenden freuen wir uns natürlich immer sehr.

K.Hildebrand: Hätten Sie es jemals für möglich gehalten, dass Senta eines Tages ein eigenes Buch schreibt?

K. Holzwarth (lacht): Nein, das hätte ich nicht gedacht. Das ist natürlich eine tolle Sache, dass die Senta, die ich damals entdeckt habe, jetzt sogar ein eigenes Buch geschrieben hat.

K.Hildebrand: Vielen Dank für das Gespräch. Ein Teil meiner Provision, die ich für jedes verkaufte Exemplar bekomme, geht übrigens an „Tiere in Spanien".

Vielen Dank

an Senta, für die Inspiration

an meine Familie, für Ihre Geduld

an Tanja und Mama für's Korrekturlesen

an meinen Schöpfer, für meine Passion, das Schreiben

Dein Kopf

mit tiefen braunen Augen

möchte drin versinken

du schaust in mein Herz

Dein Kopf

du legst ihn schief

dein Mund scheint zu lächeln

Dein Kopf

schau mich nicht so an

du Hund

kann dir nicht widerstehen

Komm mit zu mir!

Für Senta 2017

Heimat

Hohenlohisch sprech ich nicht

und trotzdem schreib ich mein Gedicht

über die Jagst, ihr Tal, ihre Höhn

wie schön es ist, hier rauszugehn

in Wald und Feld und Flur

in Gottes herrliche Natur

entlang der Bäche wildem Lauf

wovon es wirklich gibt zuhauf

durch Wälder grün und voller Pracht

durch Wiesen, extra bunt gemacht,

auf Pfaden, ganz versteckt gelegen

auf krummen und geraden Wegen

voll Vielfalt zeigt sich unser Land

dafür ist es auch weit bekannt

hier geht's mir gut, bin hier daheim,

und so soll's einfach immer sein!

FSC
www.fsc.org
MIX
Papier | Fördert
gute Waldnutzung
FSC® C083411

Zeitfracht Medien GmbH
Ferdinand-Jühlke-Straße 7
99095 Erfurt, Deutschland
produktsicherheit@kolibri360.de